川島宏治のTHEひろしま・プラス1

vol.1

監修／中国新聞社、メディア中国

発刊にあたって

２０１４年10月11日にスタートした「川島宏治のＴＨＥ ひろしま・プラス１」もあっという間に３年が過ぎ、出演いただいた方は１７０人を超えました。

もともと、ケーブルテレビの知名度アップのため、影響力のある経営者や各界で活躍する芸術家・文化人にインタビューすることで、広く人口に膾炙《かいしゃ》してほしいとの思いから始まりました。番組名には「川島宏治が個人的に聞きたいことを」「ひろしまの宝といえる人々と対談し」「そんなこともあったのか⁉と意外な面（プラス１）も知るお得感がありますよ」との思いを込めています。

対人コミュニケーションの原点は、聞くことから始まります。しかし、聞き手に共感や疑問、感動など心のリアクションがないと自分の肥やしになりませんし、相手の本音も引き出せません。まず固定観念を解いて真水の自分で臨むことが肝要です。

番組では打ち合わせもありませんし、リハーサルなども一切なしのぶっつけ本番ですが、トップの皆さんは「さすが」の内容で私に迫ってきます。穏やかな話し方ですが、まさに言霊化しているパートも数多く経験してきました。

各人各様なのが仕事に入ったきっかけ。とても興味ある話ですが、ドラマのような劇的なストーリーは意外と少なく、何となく入社した経営者が多いことに驚かされます。面接ではタブーなこのキーワードですが、入社後の頑張りで今があるのでしょうね。逆に共通しているのは、皆さん人との出会いや人の縁をとても大事にされていることです。

私もこの番組のおかげでたくさんの出会いとご縁をもらいました。「ひろしまのお宝」が語る名言・至言の数々は、きっと皆さまの琴線に触れることでしょう。

川島宏治

＋＋＋＋＋ 目次 ＋＋＋＋＋

発刊にあたって …… 2
株式会社ビーシー・イングス（田中学習会） 代表取締役会長 田中 弘樹 …… 5
株式会社やまだ屋 代表取締役 中村 靖富満 …… 21
広島大学 学長 越智 光夫 …… 37
アイレストホーム株式会社 代表取締役会長 旦 康次郎 …… 53
株式会社バルコム 代表取締役 山坂 哲郎 …… 69
田中食品株式会社 代表取締役社長 田中 茂樹 …… 85
瀬戸内海汽船株式会社 相談役 仁田 一也 …… 101
株式会社メンテックワールド 代表取締役社長 小松 節子 …… 117
日本赤十字社中四国ブロック血液センター 初代所長（現 相談役） 土肥 博雄 …… 133
株式会社大野石油店 代表取締役社長 大野 徹 …… 149
「川島宏治のＴＨＥひろしま・プラス１」とは ～番組のご紹介～ …… 165
これまでに番組にご出演くださったゲストの方々（２０１４年10月～２０１６年５月） …… 166

※番組放映順に、書籍化へご協力いただいた方々にご登場いただいております。肩書きは番組放送当時のものですが、追加取材などにより新たな情報を挿入し、掲載しております（敬称は略させていただきました）。

学力向上と人材育成に全力で取り組む学習塾

株式会社ビーシー・イングス
代表取締役会長

田中 弘樹

たなか ひろき

1963年1月27日生まれ、島根県出身。1985年関西学院大学経済学部卒業。1985年4月広島市安佐北区倉掛の自宅で創業。1990年7月田中学習会を展開する㈲ビーシー・イングスを設立。1995年5月㈱ビーシー・イングスに組織変更。趣味は大リーグ観戦。

株式会社ビーシー・イングス（田中学習会）

小学生・中学生・高校生・高卒生指導を行う学習塾。「学力を伸ばし、学習力を向上させる中で子どもたちの意思を鍛え、精神力を培い、心・魂の成長の場となることを目指す」を教育理念に、小学生コース・中学生コース・高校生コース・東進衛星予備校・個別指導などに対応。

（敬称

原点となったのは「子どもたちを教えたい」という熱意

広島・岡山・香川・大阪に教室を展開し、1万3000人以上が学ぶ、進学塾の「田中学習会」。この田中学習会を一代で築いたのが、株式会社ビーシー・イングスの会長であり田中学習会塾長でもある、田中弘樹さんです。川島宏治が、田中塾長の教育に対する思いと経営ビジョンについて伺います。

✚ローンを払うために広島へ

—広島で起業し塾を開かれたわけですが、どのようなご縁があったんでしょうか？

田中氏はもともと、島根県の出身。高校卒業までは島根県で暮らし、関西の大学に進学した。大学を卒業するまで、広島で暮らしたことはない。そんな彼と広島県との縁を結んだのは、2人の姉と母だった。「大学在学中、父が亡くなりました。母は広島に嫁いでいた2人の姉を頼って広島に移住し、私の知らないうちに高陽町に家を建てたんです。そして私に『この家のローン、よろしくね』と。私は、家のローンを払うために広島に来たんです」。

学習塾の塾長と聞けば、何となく「教育学部」出身という連想をしてしまうが、田中氏は経済学部卒である。そんな人物が、なぜ学習塾を始めたのだろうか。そこには、一つの出会いがあった。

田中氏が大学に進学した直後、父親が癌《がん》で入院してしまう。生活費と学費を自分でなんとかするためバイト先として選んだのが、時給が一番高かった学習教材の訪問販売だった。わずか3日で4本の教材を販売するという営業力を発揮したのだが、彼が覚えたのは達成感ではなく罪悪感だった。「子どもたちは頑張ると言っていましたが、1週間もすればやらなくなるのは、目に見えていました。私は、どうせやらなくなると分かっていながら教材を売りました。しかもアルバイト代で1件で10万円ももらってしまった。高校を卒業したての私にとって、10万円は大金です。こんなにお金をもらって、なんてひどいことをしたんだろうと、自分の中でとても落ち込みました」。そこで田中氏は、教材を売った子どもに対して以後、無償で家庭教師を始めたのだ。これが田中氏と教育との、最初の出会いだった。

家庭教師という仕事にやりがいを感じ、「自分はこの仕事をするために、生まれてきたのかもしれない」と思うようになるまで、時間はかからなかった。そして20歳のとき、闘

▶田中学習会という名前に、田中氏の熱意が込められている

病中だった父親が亡くなる。この時に考えたのが、「男の生き様」だった。「父は警察官だったんですが、仕事を通して少しは社会の役に立ち、家族を守ってくれていました。男なら、人と社会の役に立つ仕事をしようと決めたんです」。自分が人生を掛ける仕事は教育であると決心した田中氏は、もらっていた大手金融機関の内定を辞退し、大学卒業後、広島で学習塾を開設する決意をした。これが田中学習会である。

—黙って教材を売っていればいいのに、そうしなかった。そこから、いろいろ繋《つな》がっていったんですね。

✚地域の「おやじ」になりたかった

—田中学習会という名前にしたのは、なぜなんでしょう?

1985年4月25日、田中学習会は高陽町倉掛の自宅リビングで開校した。目指したのは、「地域のおやじ」だ。近所の子どもたちを何十人か集めて、勉強を教える。進学や就職で地元を離れた子どもたちは、里帰りした時には「田中先生の顔を見に行こう！」と集まってくれる。そんな「古里に帰ったときに顔を出してもらえる、地域のおやじ」になりたかったのだとか。名称もあえて「ゼミナール」や「塾」という言葉を使わず、柔らかいイメージの「田中学習会」とした。

学習塾運営のノウハウはないので、最初は手探り。地域にチラシを配り、家のリビングを教室として開校したが、集まった生徒は3人だった。

—田中学習会というアナログの名前には、そんな思いがあったんですね。

◀安心して契約を結べる学習塾として、全国学習塾協会からAAA認定を受けている

✚個人塾を会社化

—新しい校舎を出す場所などは、どうやって決めるんですか？

　学習塾は、成績を上げて結果を出すことが求められる。田中学習会に通っていた生徒は全員、1学期の中間テストで成績が上がったのである。このテスト結果が飛躍の第一歩となり、学生や保護者の口コミが集中。4月末に3人だった生徒が、夏休み前には75人に急増したのである。夏休みの間は授業時間を朝から夜まで設定できるので、生徒を回転させれば田中氏一人でも対応できた。しかし2学期が始まると、授業時間は放課後から夜までに限られる。こうなると、一人ではとても無理。最初はアルバイトを雇って凌《しの》いでいたが、組織化が急務となっていった。

　1988年、生徒が増えて手狭になったことから倉掛校を新築して移転。同年には、2校目となる可部校も開校した。可部は、倉掛から比較的近い。口コミで、可部から倉掛まで通ってくる生徒もおり、需要があると判断したのだ。しかし可部校開校には、もう一つの出会いがあった。「大学時代に同じ下宿だった友人が、会社を辞めてうちに来ることになったんです。友人と『使う、使われるの関係』になりたくありませんでした」。だからもう一つ教室を開校し「自分は倉掛校で頑張るから、お前には可部校を任せる」という形にしたかった。結局その友人は倉掛校で指導することになったのだが、人同士の縁で、田中学習会は徐々に地域に浸透していった。

—経営戦略ではなく、人と人との縁で広がるものもあるんですね。

学力だけでなく、人間力も身に付けてほしい

✚田中学習会と人間力

―これだけ信任を得たわけですが、何が良かったと思ってらっしゃいますか？

　田中氏に、印象的なエピソードを伺った。塾に通う生徒本人に、「成績を上げたい」という熱意があるとは限らない。わずか3人でスタートした知名度のない田中学習会には、他の塾では受け入れてもらえないような、いわゆる「やんちゃな子」も存在していた。彼らのスタンスは、「勉強はできないけど、スポーツはできる。スポーツができるから、勉強はできなくていい」というもの。生徒本人が「できなくていい」と諦めている部分があった。

　ある日の授業中、「先生もどうせ、勉強ばっかりじゃけぇの」と発言した生徒がいた。通常の塾であれば、

◀保護者に生徒の出席を知らせる、携帯端末機を導入

▶小学生のクラス。中学受験の合格実績も伸びている

その生徒をたしなめて授業を続ける。しかし田中氏は、「お前ら、全員外に出ろ」と言い放ったのである。「これからみんなで、３本向こうの電柱まで走る。一人でも先生より速い子がいたら、全員の月謝をタダにしてやる」。「スポーツができるから、勉強ができないじゃない。できなくていいと諦めず、まずは全部やろう。きっとできるから」という思いを伝えたかった。

　学習塾に通う子どもは、点数や結果で評価されがちだ。しかし大切なのは、一人ひとりの成長である。ものすごく頑張って50点を取った子は、たとえ50点でもその努力を褒めまくる。90点を取ったとしても、もしそれが怠けて取った点数であれば90点でも叱る。そういった、一人ひとりの成長を見ていくことで、学力だけでなく人間的な成長もさせてやりたいと考えたのだそうだ。近年、家庭や地域の教育力が下がったと言われている。その中で塾が学力以外の力を子どもたちにしっかり付けてやりたいと、強く思って続けてきた。それが認められたことが、発展に繋《つな》がったのではないかと田中氏は語る。実はこの考え方、塾を経営するうちに徐々に固まったものだそうだ。「最初は、子どもたちに教えたいという気持ちしかありませんでした。子どもを伸ばすこと、伸ばした子どもたちが喜んでくれること、その子どもたちを見て親が喜んでくれることが、学生時代から快感になっていたんです。教えたい一心でスタートし、子どもたちに教え、卒業生のその後の人生に接するうちに教育理念が徐々に固まってきた感じです」。

―子どもたちと一緒に行動するなど、体当たりの授業は印象的です。

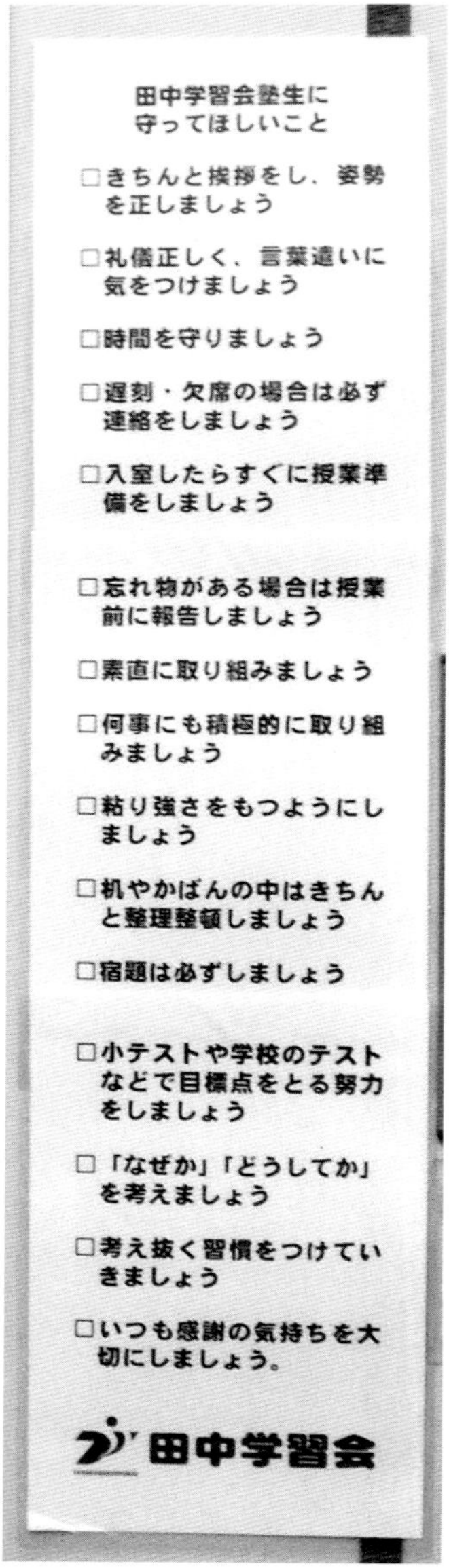

▶エレベーター前には、「塾生として心掛けてほしいこと」が張り出されている

✚成績アップと人間力

—どうしたら勉強ができるようになりますかという質問も、多かったと思いますが。

　学歴社会は終わったと言われて久しいが、「勉強させたい」「志望校に合格させたい」という要望は根強い。学習塾は、学力を付け、テストで点を取らせ、生徒に自信を付けさせ、最終的に志望校合格に導くことが絶対条件だ。学力にこだわり、その過程で人間力も付けるというのが田中学習会のやり方である。人間力を付けるためには愛と忍耐が必要になるが、特別研修などは行っていない。講師に教育理念を浸透させるため、人間力とは何かを常に考えさせるような会話をし、一人ひとりの意識を高めることが大事だと田中氏は語る。「勉強ができるようになるためには、忍耐力も必要です。嫌なことを我慢して努力を継続する力、自分の中で問題を発見して解決していく力が求められます。そうしているうちに、自分のことだけで精いっぱいだった子が仲間を思いやれるようになります。受験は個人戦のように見えますが、実は団体戦。田中学習会は、団体戦に強い塾です。講師は折に触れて『感謝の気持ちを忘れないように』と導きます。感謝の気持ちを忘れず、周りの人に感謝の気持ちを伝えながら生活することを意識させれば、自分で考え、行動し、成長します」。

田中学習会では、100点を取った生徒を各教室長が表彰する制度がある。生徒のモチベーションを上げ、努力を認めて褒めるものだ。しかしある時、採点ミスを自己申告して99点になった生徒がいた。担当講師から その報告を受けた田中氏は、「その気持ちを表彰しよう」と、自らその生徒に表彰状を手渡した。その生徒の正直な気持ちをたたえたのである。また、「アドバンステスト会」という塾内優秀者を集めたテスト会では、閉会式に「みんなも頑張っているけれど、みんなの今があるのは祖父母や両親のおかげ。帰ったら『こんな経験ができたよ。ありがとう』と伝えてごらん」という宿題を出す。特別な時間を設けるのではなく、折に触れ「心の成長」について伝えることで、講師にも生徒にも自然と理念が浸透している。

子どもが伸びるタイミングには、個人差がある。ただ、ある程度結果が出ると、そこからの伸びは大きくなる。ポイントとなるのは、異なるステージに進んだときの最初の一歩だ。具体的に言えば、中学1年生の1学期の中間テスト。ここで結果が

▲授業の受け方、挨拶の大切さ、精神的なフォローなど、生徒の人間力を引き出すのも講師の重要な務めだ

出れば、「中学生は大変だけど、やればできた」「中学校3年間、頑張れそうだ」という自信が付く。やれば結果が出るという自信を付けさせることが、子どもを伸ばす際の重要ポイントだ。子どもは基本的に、将来なりたいもののために努力している。しかしそこから一歩踏み込んで「なってから、どうするの？」と尋ねると、最後には「人の役に立ちたいんだ」と気付くのである。「勉強をするのは自分のためでもあるが、人のためでもある。だからもっと頑張れる」というのが、基本的なスタンス。そこに気付いてもらえるよう、講師は子どもたちとの対話を意識しているという。

―目的と手段を分け、先生になること、弁護士になることがゴールではないよということも、教えているわけですね。

健全経営と健全成長で、100年先を見据える

✚健全成長のための発展

—小学校受験から大学受験までたくさんのコースがありますが、どのように広がっていったんでしょうか？

２００９年に中学受験の老舗だった山口塾を引き継ぎ、中学受験に力を入れている。志望校によって傾向と対策が異なり、専門の講師を確保することが難しい大学受験に関しては、東進衛星予備校に加盟することでフォローした。２０１７年春には東大14名（医学部1名含む）をはじめ、高い実績を出した。また、２０１７年８月には、福岡市の医学部受験専門塾を取得し、生徒層の幅を広げている。２０１６年には小学校受験に強い東京学習社を引き受け、安田小学校などへの合格実績も出した。高校受験から始まった田中学習会は現在、小学校受験を始めとした幼児教育から大学受験まで一貫した教育サービスを提供する学習塾へと発展している。教室は広島県内が中心だったが、２０１４年に岡山県、２０１７年には香川県と大阪府に進出した。

岡山県に進出したときは、岡山出身者にも仲間になってほしいという思いがあった。香川県への進出も、同じ思いだったという。「うちの講師に、何人か四国出身者がいるんです。将来的に結婚や親の介護などで、地元に帰りたくなることもあるでしょう。香川県に教室があれば、四国出身者が地元に帰りたいと思ったときの足掛かりになると思いました」。実は香川県では、岡山県のテレビ放送を視聴できる。岡山県の教室ＣＭを見た保護者から「香川県に教室はないのか」と問い合わせがあったことも、進出のきっかけになっ

◀▼マンツーマンの個別指導にも、力を入れている

▲▼東進衛星予備校の授業風景

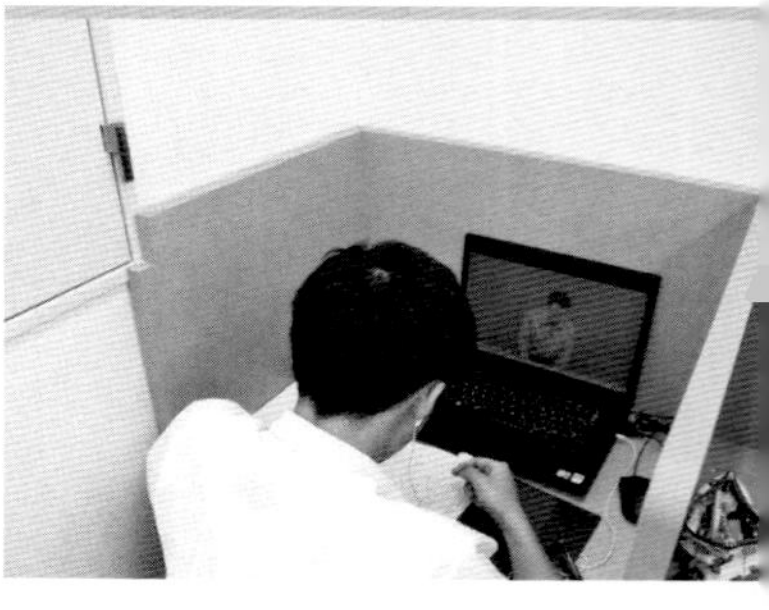

たという。健全経営・健全成長のために少しずつ規模を広げていくのが、田中学習会のやり方なのだそうだ。

これからの時代は英語やプログラミングも求められるからと、プログラミング講座や英語教室といった教育サービスも提供している。「これまでの田中学習会は、言い方は悪いですが私が経営する個人商店の延長線上にありました。これからは50年後、100年後にも残る会社に整備していきたいと考えています。2016年から株式上場の準備も始めました」。

「若いうちしか働けない」「定着率が悪く離職率が高い」と言われる塾業界。40歳の塾講師と30歳の塾講師を比較した場合、30歳の塾講師の方が子どもたちから人気があるのも事実だ。勤続年数が長くなると、年齢給は上がるけれど子どもからの人気が下がる。だから年を取るとリストラされるというのが、塾業界の定説となっていた。田中氏はこれを嫌い、講師が定年まで働ける塾を目指した。塾の規模が変わらなければ社員

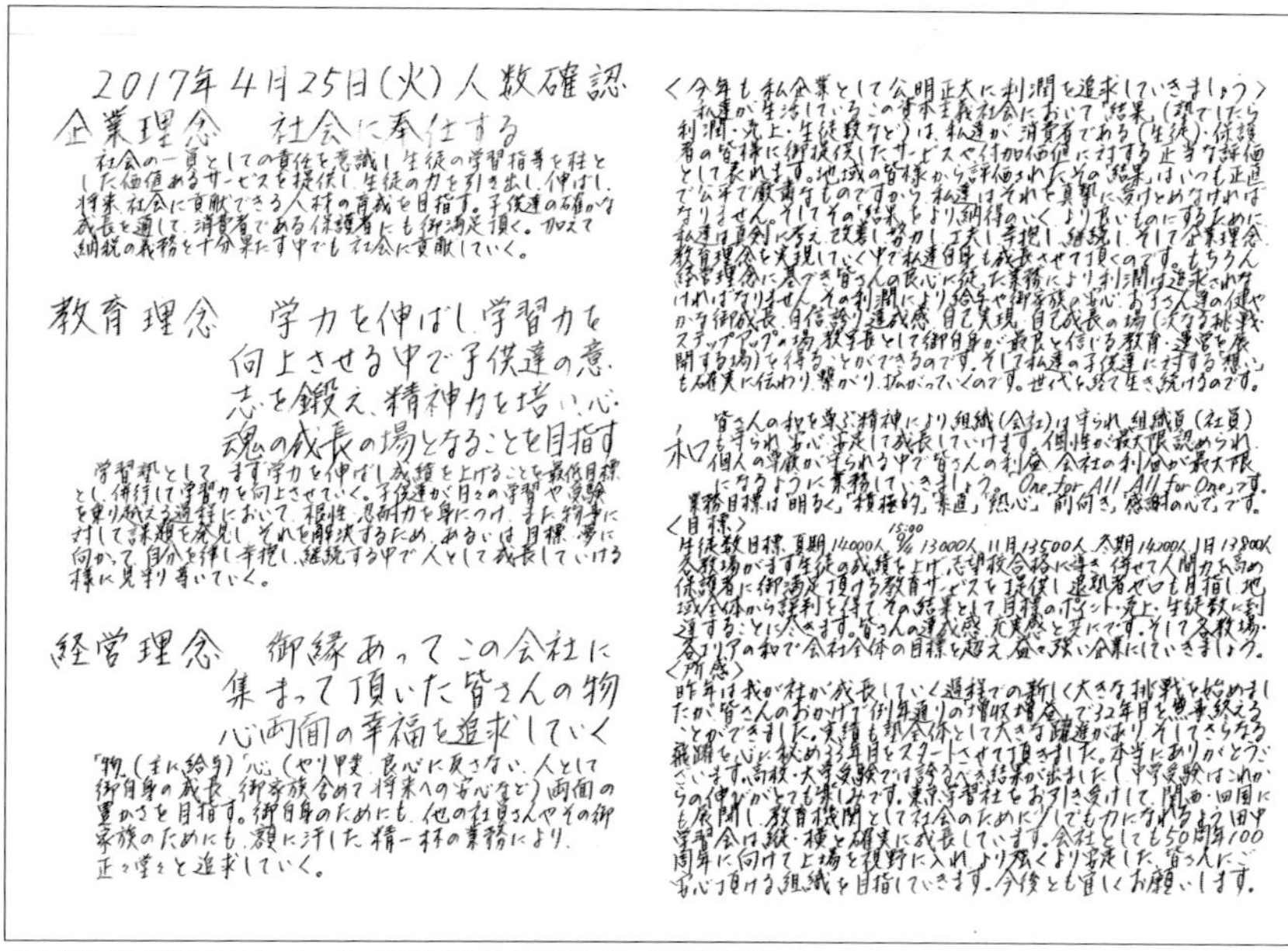

2017年4月25日(火) 人数確認

企業理念　社会に奉仕する

社会の一員としての責任を意識し生徒の学習指導を柱とした価値あるサービスを提供し、生徒の力を引き出し、伸ばし、将来、社会に貢献できる人材の育成を目指す。子供達の確かな成長を通して、消費者である保護者にも御満足頂く。加えて納税の義務を十分果たす中でも社会に貢献していく。

教育理念　学力を伸ばし学習力を向上させる中で子供達の意志を鍛え、精神力を培い、心・魂の成長の場となることを目指す

学習塾として、まず学力を伸ばし成績を上げることを最低目標とし、併行して学習力を向上させていく。子供達が日々の学習や受験を乗り越える過程において、根性、忍耐力を身につけ、また物事に対して課題を発見し、それを解決するため、あるいは目標、夢に向かって、自分を律し辛抱し、継続する中で人として成長していける様に見守り導いていく。

経営理念　御縁あってこの会社に集まって頂いた皆さんの物心両面の幸福を追求していく

「物」(主に給与)「心」(やり甲斐、良心に反さない、人として御自身の成長、御家族含めて将来への安心など)両面の豊かさを目指す。御自身のためにも、他の社員さんやその御家族のためにも、額に汗した精一杯の業務により、正々堂々と追求していく。

<今年も私企業として公明正大に利潤を追求していきましょう>

私達が生活しているこの資本主義社会において「結果」(塾でしたら利潤・売上・生徒数など)は、私達が消費者である(生徒)・保護者の皆様に御提供したサービスや付加価値に対する正当な評価として表れます。地域の皆様から評価されたその「結果」はいつも正直で公平で厳粛なものですから私達はそれを真摯に受けとめなければなりません。そしてその「結果」をより納得のいくより良いものにするために私達は真剣に考え、改善し、努力し、工夫し、辛抱し、継続し、そして企業理念・教育理念を実現していく中で私達自身も成長させて頂くのです。もちろん経営理念に基づき皆さんの良心に従った業務により利潤は追求されなければなりません。その利潤により給与や御家族の安心、お子さん達の健やかな御成長、自信、誇り、達成感、自己実現、自己成長の場(次なる挑戦、ステップアップの場、教室長として御自身が最良と信じる教育・運営を展開する場)を得ることができるのです。そして私達の子供達に対する想いも確実に伝わり、繋がり、拡がっていくのです。世代を経て生き続けるのです。

和　皆さんの和を尊ぶ精神により組織(会社)は守られ、組織員(社員)も守られ安心・安定して成長していけます。個性が最大限認められ、個人の尊厳が守られる中で皆さんの利益、会社の利益が最大限になるように業務していきましょう。「One for All All for One」です。

業務目標は「明るく」「積極的」「素直」「熱心」「前向き」「感謝の心で」です。

<目標>

生徒数目標、夏期14000人、9/4 15:00 13000人、11月13500人、冬期14200人、1月13800人

各教場がまず生徒の成績を上げ、志望校合格に導き、併せて人間力を高め、保護者に御満足頂ける教育サービスを提供し、退塾者ゼロも目指し、地域全体から評判を得て、その結果として目標のポイント・売上・生徒数に到達することに尽きます。皆さんの達成感、充実感と共にです。そして各教場・各エリアの和で会社全体の目標を超え、益々強い企業にしていきましょう。

<所感>

昨年は我が社が成長していく過程での新しく大きな挑戦を始めましたが皆さんのおかげで例年通りの増収増益で32年目を無事終えることができました。実績も塾全体として大きな躍進があり、そしてさらなる飛躍を心に秘めて33年目をスタートさせて頂きました。本当にありがとうございます。高校・大学受験では誇るべき結果が出ました(中学受験はこれからの伸びがとても楽しみです。東京学習社をお引き受けして、関西・四国にも展開し、教育機関として社会のために少しでも力になれるよう田中学習会は縦・横と確実に成長しています。会社としても50周年100周年に向けて上場を視野に入れ、より強くより安定した、皆さんにご安心頂ける組織を目指していきます。今後とも宜しくお願いします。

▲全体会議の際に配るレジュメ。田中氏直筆の文字から、熱意が伝わってくる

の平均年齢が1歳ずつ上がっていくだけなので、規模を広げキャパが広がった部分に新卒の若手を採用。これによって、平均年齢を上げずにバランスを取っている。「定年まで働けて、少しずつ給与が上げられる、健全な会社であり続けるために規模を大きくする」というのが、田中氏の考え方だ。

　ちなみに社員を採用する際に重視しているのは、自分自身の勘。基本学力はもちろん重要だが、人柄を見極める際には勘で決めているそうだ。「職業柄、『この子を育ててやりたい』という人を採用したくなることもあります」とのこと。多くの子どもと保護者に真摯に向き合ってきた田中氏だからこそできる、独自の採用方法かもしれない。

―それだけ、たくさんの人を見ているということですね。

✚経営者としての田中氏

―ここまでほぼ順調だと仰っていましたが、順風満帆に規模が拡大していったんですか？

創業以来毎年増収・増益を続ける、田中学習会。「ずっと苦しいけど、ずっと楽しいです」と田中氏は笑顔を見せる。学習塾業界は、多様化している。広島県内にも低価格を売りにする学習塾があり、それに追随する傾向もあった。しかし田中学習会では、月謝を下げることはしなかった。厳しい戦いにはなるけれど、内容重視・人重視の姿勢を変えず、どっしりとやっていこうと考えたのである。学習塾の基本は、人と人。マニュアル化はせず、自分の良心に基づいて判断すれば、良い結果が導けると信じている。

経営者として活躍する田中氏だが、唯一の心残りは「授業ができないこと」だという。事業経営が忙しくなり、生徒を受け持つことができなくなったのだ。もともと子どもたちを教えたくてこの仕事を始めたのに、仕事が忙しくて自分が教えられないというのは、田中氏にとって非常に寂しいこと。その寂しさは全て、講師への指導へと振り向けられている。「社員たちは本当に一生懸命やってくれていて、生徒の体育祭には必ず応援に行きます。合唱コンクールを見に行って、教え子の成長ぶりに涙を流しながら帰ってくる社員も。どの社員も、生徒たちを本当に大事にしてくれています」と田中氏は誇らしげだが、「本当はやりたいんですけどね」と、やはり少し寂しげ。その寂しさを解消するため、現在は社員の育成にどっぷりと漬かっているのだという。現在社員数は２１０

人を超えているが、一人ひとりの誕生日、配偶者とその子どもの誕生日も覚えている。自分が大事に育てた社員が、生徒を大事にしてくれればいいと考えているのだとか。

―エンドユーザーの幸せと自分の良心が、決断の指針なんですね。

✚今後の展開

―今後考えているプロジェクトはありますか?

田中学習会が開校して32年がたち、多くの塾生が社会へと巣立った。近年では卒塾生が講師として戻って来たり、教え子の子どもが入塾するといったうれしい循環も生まれている。

現在進行しているのが、企業内保育所設立プロジェクトだ。「子育て中の卒塾生もいますし、これから結婚出産を考えている講師もいます。そういう人たちの子どもを預かり、人間力を育むお手伝いができればいいなと思ったのが、きっかけです」と、田中氏。現在は共働きが当たり前になり、待機児童問題が深刻化している。保育所の設立は、さらなる社会貢献と新たな発展を生み出すことだろう。

―これからも、子どもたちの成長を応援し続けてください。

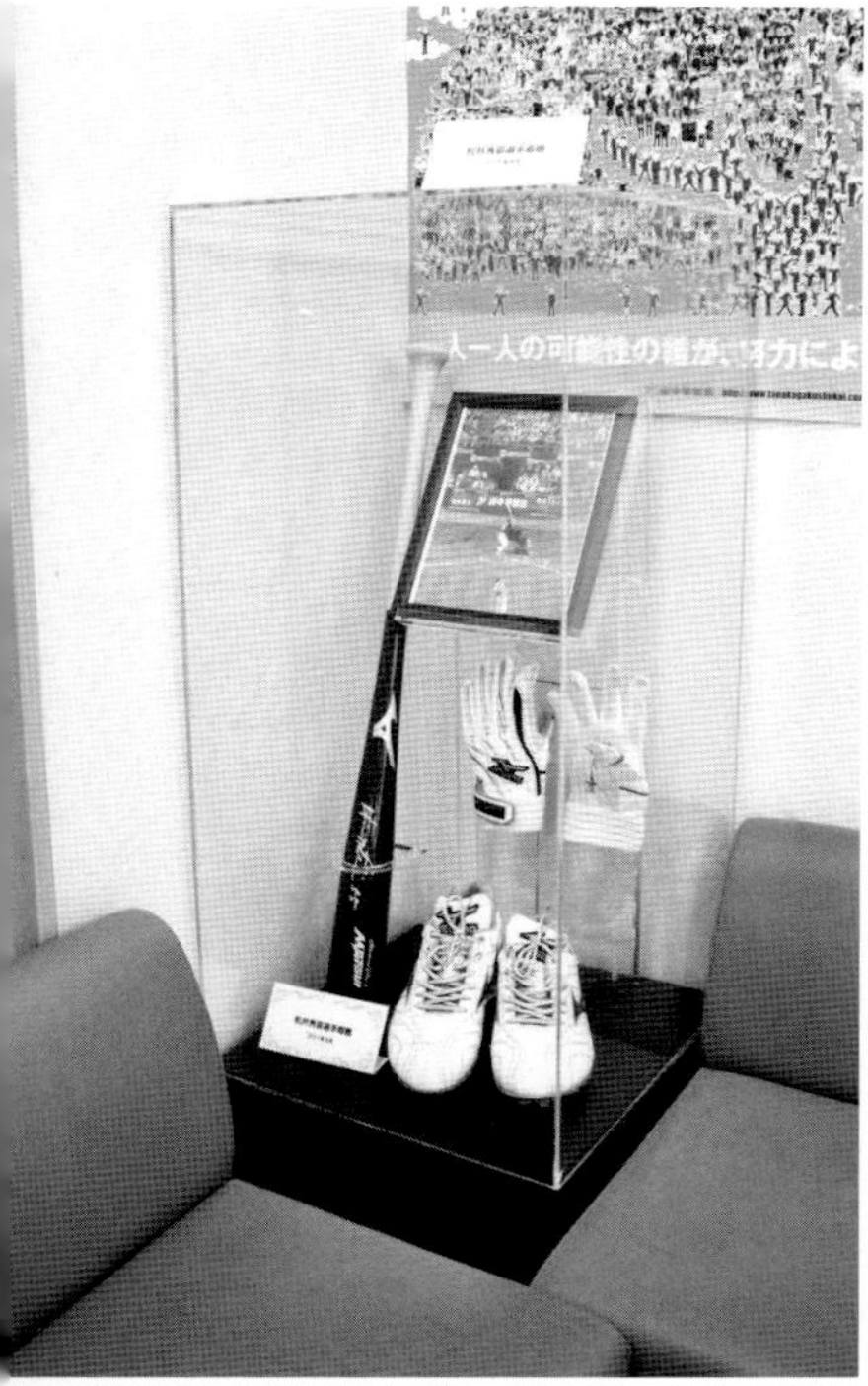

◀2011年、田中学習会は大リーグ・アスレチックスの球場看板のスポンサーになった。アメリカの人に「東日本大震災を乗り越え、日本は頑張っています」と伝えたかったという

田中学習会の歴史

1985 ● 広島市安佐北区倉掛の自宅にて創業

1988 ● 倉掛校を新設移転、可部校を開校

1994 ● 祇園校を開校

1995 ● 株式会社ビーシー・イングスを設立

1996 ● 高屋校を開校し、東広島市に進出

1998 ● 廿日市校、宮園校を同時開校し、廿日市市に進出

2002 ● 個別指導専門塾、己斐校を開校

2003 ● 現役高校生のための東進衛星予備校廿日市宮内校を開校

2005 ● 本部機能を倉掛より移転し、本部校として広島駅前校を開校

2009 ● 中学受験の名門・山口塾を引き継ぎ、本格的な中学受験指導がスタート

2012 ● 津島校、大元校、福浜校を開校し、岡山県に進出

2016 ● 株式会社東京学習社との資本提携を行う

2017 ● 大阪府、香川県に進出

株式会社ビーシー・イングス（田中学習会）

本部所在地	：広島市南区松原町10-23 田中広島駅前ビル
設　　　立	：1990 年 7 月（創業 /1985 年 4 月）
資　本　金	：9000 万円
従 業 員 数	：正社員 210 名
	非常勤講師 150 名（個別指導のみ）
売　上　高	：37 億 3300 万円（2016 年 11 月期）
代　表　者	：代表取締役会長　田中弘樹
	代表取締役社長　川隅学
U　R　L	：https://www.tanakagakushukai.com/

地域の人に、もみじ饅頭を誇りに思ってほしい

株式会社やまだ屋
代表取締役

中村 靖富満

なかむら やすふみ

1959年10月生まれ、廿日市市宮島町出身。幼少期に母方の養子となり、山田姓から中村姓となる。広島大学卒業後、1986年に株式会社やまだ屋に入社、2000年に代表取締役（三代目当主）に就任。一般社団法人宮島観光協会会長、広島県菓子工業組合副理事長。趣味はゴルフとカラオケ。

株式会社やまだ屋

もみじ饅頭をはじめ、40種類に及ぶ和洋菓子の製造と販売を行っている菓子店。宮島の表参道にある本店や、製造の中心となる廿日市市沖塩屋の工場など県内に15の直営店があり、約190人が従事。2005年には創作洋菓子をコンセプトにした新ブランド「RAKU山田屋」を立ち上げ、カフェも出店している。

（敬称略）

物心が付いたときには、もみじ饅頭が身近な存在だった

もみじの形をしたカステラ生地であんやチョコレートなどを包んだ広島のお菓子、もみじ饅頭。株式会社やまだ屋は、もみじ饅頭をはじめとする和洋菓子の製造と販売を行っています。川島宏治が、やまだ屋の社長・中村靖富満さんに、もみじ饅頭に懸ける思いや商品開発のエピソードについて伺います。

✚1932年創業の老舗

―もみじ饅頭業界にとって、やまだ屋さんは古い方なんでしょうか？　女性が起業しているのも、特筆すべき点ですよね。

もみじ饅頭は、1907年ごろに宮島で誕生した菓子だ。当初は商標登録の関係で一店舗独占だったが、商標権が切れた大正時代の終わりご

▼創業者である山田らく氏と店の前で撮影した写真

ろには、島内の複数店舗が製造販売を開始。やまだ屋は１９３２年に「山田商店」の名で創業した。今年で創業86年を迎える、島内でも老舗の部類に入る店だ。山田商店は、中村氏の祖母・山田らく氏が職人を雇って始めた店。創業当時は家族を中心に経営する小さな店で、中村氏も幼いころから両親の手伝いをしていたという。「物心が付いたときにはすでに、もみじ饅頭屋の子でした。家の中に製造場があり、父親がカステラ生地を作ったり、あんこを作ったりしていました。私も卵を割ってカステラ生地を作るのを手伝ったりしていました」。観光地として知られる宮島は、修学旅行先の定番スポットでもあった。夜になると修学旅行生が、宿泊先のホテルからお土産を買いにやってくる。中村氏は母の隣でもみじ饅頭の箱詰めをし、小学校のころには包装の手伝いもしていたそうだ。

老舗の三代目ともなると、「跡を継がなくては」という意識が自然と芽生えるものである。しかし中村氏は、幼少時から事業継承に対する意

▶かつては家族で営む小さな店だった

識を持っていたわけではなかった。兄がいたからである。しかしその兄は、大学を卒業して一般企業に就職する。その際、「男の子は二人いるので、どちらかに継いでほしい。兄が一般企業に就職するなら、お前がこちらの道を志すか」という話を父とした記憶があるという。

大学を卒業して1年だけ外の会社で勤め、他企業の厳しさや進んだところを学び、宮島に戻って跡を継いだ。「家族でやってきた小さな店ですから、いい意味で阿吽《あうん》の呼吸のようなものがありましたが、企業としては少し稚拙なところもありました。今後職人さんが増えてくるなら、最低限のルールを一つひとつ作っていくべきではないかと、帰ってから少しして、父と話をしました」

―幼いころから両親の手伝いをされる中で、自然と跡を継がれたという感じなんですね。

▶嚴島神社の前で

やまだ屋といえば『もみじ饅頭』と『桐葉菓』

✚いろいろな味のもみじ饅頭

―やまだ屋さんといえば、バラエティー豊富なもみじ饅頭が有名ですよね。

やまだ屋では創業当初から作り続けている『こしあん』をはじめ、さまざまな味のもみじ饅頭を販売している。広島県産のみかんとあんを合わせた『みかんもみじ』は、やわらかな酸味とフルーティーな味わいが特徴。竹炭パウダーを生地に練り込んだ『黒もみじ』は、見た目もインパクトがある変わり種だ。この他にも季節限定や芸能人とのコラボ商品など、多彩な商品を取りそろえている。

もみじ饅頭は長らく、『こしあん』１種類だった。しかし１９８３年ごろから味の種類が増え、いろいろなもみじ饅頭が登場する。宮島島内で最初に登場したのが『チーズもみじ』だった。島内の同業者はこの風潮を、冷ややかな目で見ていたという。「それまで、もみじ饅頭は、こしあんでした。どの店もそれを何年も作り続けていますし、自信も自負もあります。だから『もみじ饅頭は、こしあんだろう』という思いは当然ありました。うちの父も『チーズなんて、邪道だ』というようなことを、言っていました」と中村氏は当時を振り返る。最初こそ「邪道扱い」だった『チーズもみじ』は、人気商品となる。『チーズもみじ』を求める客の列は途切れず、その店の評判もなかなか落ちなかった。その状況を目の当たりにした同業者は、「うちはクリームだ」「うちは抹茶だ」と、それぞれの店オリジナルの味を生み出していった。やまだ屋もこの流れに乗り、別の中身を入れたもみじ饅頭の製造に着手。邪道と言われた『チーズもみじ』が結果的にもみじ饅頭全体の裾野を広げ、購買者を増やしたのである。作る側からだけの視点で、おいしいお菓子・売れるお菓子を作ることは難しい。お客さまを含めた多くの人の意見を聞きながら商品開発をすることが大事だと学ぶきっかけになったエピソードである。

―バリエーション豊かなもみじ饅頭の誕生には、そんな思いが込められているんですね。

✚もみじ饅頭だけではない

―やまだ屋さんにしかない商品といえば、やはり桐葉菓《とうようか》。開発にはご苦労もあったかと思いますが。

　やまだ屋ではもみじ饅頭以外にも、さまざまな菓子を販売している。その中でも柱となっているのが、ブ

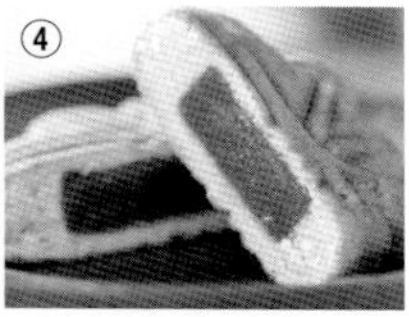

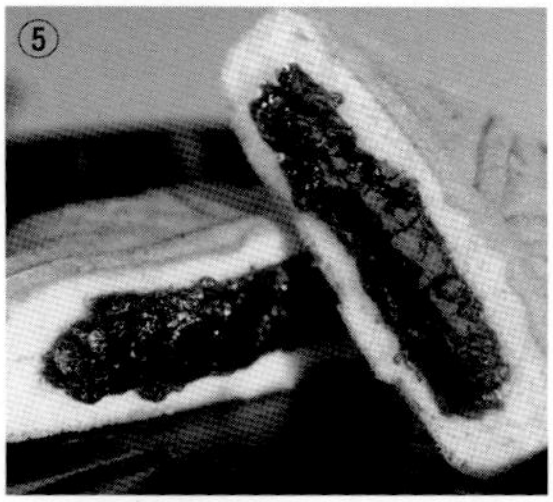

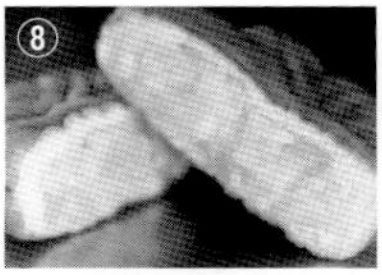

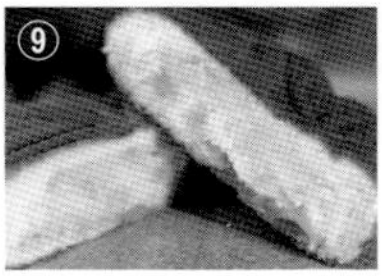

①『もみじ饅頭（こしあん）』②『つぶあんもみじ』③『クリームもみじ』④『抹茶もみじ』⑤『チョコもみじ（センターチョコ）』⑥『チョコもみじ（コーティングチョコ）』⑦『チーズクリームもみじ』⑧『栗っこもみじ』⑨『レモンもみじ』⑩『みかんもみじ』⑪『黒もみじ』

▼上田宗箇流から家紋をいただいた『桐葉菓』

レンドした小豆あんをモチモチとした食感を生み出す糯粉《もちこ》（もち米の粉）を入れたカステラ生地で包んだ『桐葉菓』だ。２００２年に熊本で行われた全国菓子大博覧会で最高位に当たる名誉総裁賞を受賞した、やまだ屋の看板商品である。『桐葉菓』の誕生にも、深いエピソードがある。

『桐葉菓』の原型は、テナント出品用に誕生したオリジナル商品だった。京都にあるキャラクターグッズショップが宮島に出店する際、やまだ屋はテナントとしてこの店に入ることとなった。その際に「ぜひ、オリジナル商品を作ってほしい」と依頼されたのだ。京都には『阿闍梨《あじゃり》餅《もち》』という銘菓がある。これに似たお菓子を作ろうということで、カステラ生地に糯粉を入れ、もみじ饅頭用のあんを包んで焼いたものを販売したのである。残念ながら京都のその店は数年で撤退してしまい、そのオリジナル菓子は宙に浮いた存在になってしまった。転機が訪れたのは、ちょうどそのころ。上田宗箇流の家元に「上田宗箇流の流儀にちなんだお菓子を作ってみないか」という提

◀栗の風味がお茶と合う『聖乃志久礼』

案をもらったのだ。「帰って父に相談したら、以前キャラクターショップで販売していた商品を提案してみたらどうかという話になりました。持参して食べていただくと比較的好評だったので、この路線で進めようということになったんです」。当初は丸い形をしていたのだが、家元に「座布団をイメージして、四角い形にするのはどうか」と言われ、四角い焼き型を作成。上田宗箇流の家紋「陰上田桐」をいただき、焼き印とした。

もみじ饅頭は、観光客をはじめとしたできるだけ多くの人に、ポピュラーな値段で販売する菓子だ。『桐葉菓』はもみじ饅頭と差別化するため、値段を少し高めに設定。お茶会や少し特別な時に食べてもらえるような、上品な菓子を目指した。生地とあんとの相性が良いと発売以来好評で、現在では売り上げの3割を担う看板商品となっている。

社員のアイデアで誕生した商品も少なくない。「もみじ饅頭の一つに、こしあんの代わりに栗あんを入れた『栗っこもみじ』というのがあるんです。この栗あんを桐葉菓の生地で包んで焼いたら、小豆あんとは風味が変わって面白かったんです。これは商品化できると思いました」。この商品が『聖乃志久礼《ひじりのしぐれ》』だ。焼き印には、大聖院の家紋である「二引の桜」をいただいた。まろやかな風味がお茶請けによいと、地元から評判のお菓子である。

―マーケットインだけではなく、社員がアイデアを出し合って作った商品もあるんですね。

新ブランド『RAKU 山田屋』と新工場『おおのファクトリー』

守るべきこと、変えるべきこと

—老舗の場合、「何を守り、何を変えるか」が課題になると思います。その辺りはどのようにお考えですか？

もみじ饅頭は、観光客をターゲットにした土産品である。中村氏は、地元の人にお中元やお歳暮に選んでもらえるような商品を作ろうと、2005年に新ブランド「RAKU山田屋」を立ち上げた。伝統的な和菓子の製法に洋菓子のテイストを加え、パッケージにもこだわった創作洋菓子だ。フランス・ヴァローナ社の高級ショコラと白あんを融合させ嚴島神社の一部を表現した『高舞台』や、フランスの伝統菓子・クグロフに小豆を入れた『秀《ひ》でる山』など、職人が手作りした創作洋菓子をコンセプトにしている。店頭販売だけではなく、食事メニューをそろえたカフェを出店しているのも特徴的だ。

２０１０年、やまだ屋は廿日市市沖塩屋に製造拠点となる工場「おおのファクトリー」を建設した。もみじ饅頭を1時間に３０００個作る機械を導入して生産力を向上させたことに加え、販売フロアやカフェスペースも併設している。「おおのファクトリーの土地は、実は真四角ではないんです。土地の形に合わせて設計してもらったら、逆にそれがオシャレになりました。お菓子は食べ物ですから、お客さまに『これなら大丈夫』と安心していただき、信頼していただいてから購入してもらうのが一番です。原材料や食材の状態、商品を作る工程、包装や梱包を済ませてから出荷するという流れを想定しながら、工場部分をつくりました。工場と店舗を併設することで、信頼度がアップしたのではないかと思います」。

もみじ饅頭は、宮島で誕生し、１００年を超えて愛されている。やまだ屋も、同じく宮島で誕生し、創業80年を超えた。歴史あるもみじ饅頭のことを、観光客だけでなく地域の人にも、もっと知ってもらいたいと中村氏は語る。地域の人、廿日市市に住む人、広島県に縁のある人が県外に出た時、「広島の銘菓といえば、もみじ饅頭だ。もみじ饅頭にはこんな歴史があり、このように作っている」と語ってくれれば、もっともみじ饅頭に広がりが出る。誕生から１００年が過ぎたもみじ饅頭はすでに「歴史のある息が長い商品」だが、今後１５０年・２００年続く、地域の誇りであってほしい。そして、もみじ饅頭に関わる全ての人が、で

▶贈答やブライダルにも選ばれているRAKU山田屋のお菓子

きるだけ長くこの仕事で生業を立てられればというのが、中村氏の願いでもある。

やまだ屋は、お菓子屋である。お菓子屋の本業は、おいしいお菓子を作り、良いサービスで販売すること。これは、いつの時代も変わらない定義だ。しかしお菓子のおいしさやサービスの良さは、時代によって変化する。「かつて『名物にうまいもんなし』と言われた時代がありましたが、それは悲しいですよね。商品の風味もおいしいと言ってもらいたいですし、サービスも良いと思ってもらいたい。『やまだ屋で買ったら感じが良かったから、またここで買おう』と思っていただけるのが理想です。地元の人に味とサービスを認めてもらえるような会社になるよう、新製品の開発やサービス研修を行っています」。

――「おいしいお菓子を作り、良いサービスで販売する」という理念の下、その内容を時代に合わせて変えるということなんですね。

▶開放的で上質な空間のRAKU山田屋店内

もみじ饅頭を通して、広島の魅力を世界に発信

✚観光地宮島と、もみじ饅頭

—宮島には、外国人観光客も多く訪れますよね?

やまだ屋の創業地である宮島は、古くから日本三景として知られる景勝地だ。

世界遺産に認定されて以降は日本国内はもちろん海外からの観光客も増加し、年間３００万人以上が訪れる観光スポットとなった。特に目立つのが、フランスを中心としたヨーロッパからの観光客である。ミシュランガイドで三ツ星に認定されたこと、２００９年に廿日市市とフランスのモンサンミッシェルが観光友好都市提携を結んだことが、大きな要因と考えられている。中村氏は２００２年より宮島観光協会の会長を務めるなど、宮島の発展と観光振興に尽力している。

中村氏は、「もみじ饅頭を含め、広島のお菓子のアイデンティティーを世界に向けて発信したい」と語る。なぜ、宮島でもみじ饅頭が誕生したのか。なぜ、もみじ饅頭が長く愛されてきたのか。

お菓子の歴史は、地域の歴史と密接に関わっている。やまだ屋でも、広島県産の食材を使ったもみじ饅頭を販売しているが、原材料や食材の一部が地域の特産品というケースも少なくない。お菓子を食べると、それぞれの地域の伝統や産業を感じることができるのだ。

やまだ屋宮島本店では、2006年から「手焼きもみじ饅頭体験」を実施している。一度に2個のもみじ饅頭が焼ける、小型のもみじ饅頭焼き器を使ってオリジナルのもみじ饅頭を焼くという体験コースだ。焼きたてのもみじ饅頭を食べることができ、焼いた分は包装して持ち帰ることもできるため、地元の子どもたちや子連れの観光客、カップルなどに喜ばれている。島内2カ所で年間合計3万人が利用する、体験観光スポットとして定着しつつある。「自分で体験すると、その体験を人に伝えたくなります。自分の感想を踏まえた口コミを発信しながら、もみじ饅頭をおいしく食べてもらえればいいなと感じています。基本的にやまだ屋は、『お菓子』と『観光』という大きな車輪の上で動いています。お菓子と観光に関わる事業を進めることで、地域の役に立ちたいと感じています」。

―これからも、おいしいお菓子で地域を盛り上げてください。

▲手焼き体験で使用する、簡易式のもみじ饅頭焼き器
▶社会見学や修学旅行など、幅広い年齢層から喜ばれている

やまだ屋の歴史

1932 ● 宮島町にて創業
1944 ● 第二次世界大戦の影響でもみじ饅頭の製造を一時中断
1953 ● もみじ饅頭づくりを再開
1957 ● もみじ饅頭の売れ行きが好調になり、繁忙期には品切れになることも
1966 ● 有限会社やまだ屋へ商号変更
1975 ● 製品の個別包装化開始
1980 ● B&Bのギャグ「もみじ饅頭」で、もみじ饅頭が全国区に
1983 ● こしあん以外のもみじ饅頭開発が進む
1994 ● もみじ饅頭の製造数量が過去最高（当時）に
1996 ● 嚴島神社が世界遺産に登録される
1997 ● 安芸銘菓『桐葉菓』誕生
2002 ● 全国菓子大博覧会で『桐葉菓』が名誉総裁賞を受賞
2005 ● 新しいブランド『RAKU山田屋』誕生
2006 ● 手焼きもみじ饅頭体験を開始
2010 ● 新工場『おおのファクトリー』竣工

株式会社やまだ屋

本社所在地：廿日市市宮島町835-1
設　　立：1932年10月
資 本 金：1400万円
従業員数：約190名
売 上 高：21億1300万円（2016年度）
代 表 者：代表取締役　中村靖富満
U R L：http://momiji-yamadaya.jp

徹底した国際化と改革で、世界レベルの大学を目指す

広島大学
学長
越智 光夫
おち みつお

1952年8月6日生まれ、愛媛県今治市出身。1977年3月広島大学医学部卒業。広島大学医学部附属病院医員（研修医）および海外大学への留学などを経て、島根医科大学整形外科学教授、広島大学整形外科学教授、広島大学病院長、広島大学理事・副学長（医療担当）、広島大学学長特命補佐を歴任。2015年4月より広島大学学長。趣味は読書と絵の鑑賞。

広島大学

東広島市、広島市南区・中区の3カ所にキャンパスを有する、国内有数の総合研究大学。11学部・11研究科で、学部学生1万887人・大学院生4520人が学ぶ。2014年度、「スーパーグローバル大学創成支援事業」のトップ型13校に中四国地方で唯一採択された。

（敬称略

50年後・100年後も光り輝くために、10年後の目標を設定

11学部11研究科を有する広島大学は、大学生・大学院生合わせて1万5000人を超える学生が学ぶ、国内有数の総合研究大学。越智光夫さんは2015年4月、広島大学12代学長に就任しました。川島宏治が、広島大学の将来ビジョンと、越智学長の積極的なグローバル活動に迫ります。

✚広島大学の現在

―学長に就任されて見つけた課題や、改めて気付いた発見などはありますか？

越智氏は、愛媛県今治市の出身。愛媛県の愛光高等学校を卒業し、広島大学医学部へ入学した。その当時、広島大学のメインキャンパスは東千田町（広島市中区）にあり、医学部・

▼現在の東千田キャンパス

歯学部は霞キャンパス（広島市南区）だった。「私の在学中は『広島大学といえば東千田』でしたし、私自身はずっと霞キャンパスで過ごしてきました。理事・副学長時代に何度か東広島キャンパスを訪れたことはあったのですが、実態はいまひとつ分かっていませんでした」。広島大学の東広島キャンパス移転が完了したのは、１９９５年３月のこと。１９７０年代に医学生として在籍し、広島大学医学部附属病院に勤務した越智氏にとって、東広島キャンパスは「縁はあるけれど、少し遠い存在」だったのかもしれない。

　しかし２０１５年４月に大学長として東広島キャンパスに赴任し、その素晴らしさを実感したという。「先生方の活動ぶりを拝見したら、どれも非常に素晴らしかった。日本をリードするような、光り輝く研究をしている先生が何人もいると、改めて分かりました」と越智氏は語る。大学の位置付けについては、さまざまな評価方法がある。過去に提出された英語の論文数、研究内容など、さまざまな項目を分析すると、広島大学は世界に匹敵するレベルの評価を得ているのだ。さすが、スーパーグローバル大学創成支援事業のタイプA（トップ型）13校に選ばれる大学である。逆に言えば国民や国から負託されているのだから、それに応える義務がある。今後はよりいっそうグローバルな大学にし、10年後には世界大学ランキングの100位以内に入るのが目標だ。もちろん「世界大学ランキング100位以内に入る」のが最終目標ではない。大学は、10年後に終了するわけではない。50年後、100年後にも広島大学が輝き続けるために、まずは10年先を見据えて、目標に向かって確実に歩いて行く必要があるということだ。

―1日が24時間では足らないほどお忙しいとのこと。広島大学をさらに発展させるための、公務が増えているんですね。

✚広島大学と人材育成

―組織の改革や進化には、人材育成が重要だと思います。

日本は入試システムの関係で「志望大学合格」を「ゴール」と考えてしまいがちだが、本当にそれでいいのだろうか。「本当に重要なのは、卒業後に、どのように社会に貢献できる人材になっていくかである」と、越智氏は指摘する。

研究者として大成するにも、好奇心をいかに長期間持続させられるかが、鍵となってくる。学生の好奇心を育み、育んだ好奇心をつぶさない教育が重要である。日本の未来を形成するのは、学生や、これから学生になる若い世代である。大学教育に必要なのは、「これからの日本を形作る人材を支える」という視点ではないだろうか。

▼ 2017 年 4 月 3 日には「SPLENDOR PLAN2017」（広島大学新長期ビジョン）を策定

広島大学の研究者・教育者のレベルは非常に高い。論文数や共同研究数、留学生の比率や人数などは、上位にランクインしている。

こういった研究者や教育者のパワーを、有効に研究や授業に振り分けることができれば、非常に高いレベルの「未来の研究者・教育者」の育成が可能だ。研究と教育の垣根を取り払い、流動性のある形での研究および教育を実施することが、今後の課題となるだろう。海外の優れた研究者を招待したり、学生の短期留学を盛んにしたりするなど、異文化に触れ、さまざまな考え方に対する共感力を磨くことも重要だ。

―まずは多様な世界に触れることが、人材育成の鍵といえそうですね。

世界に先駆けて、軟骨の三次元培養再生医療法を確立

✚膝軟骨の再生医療で紫《し》綬《じゅ》褒《ほう》章《しょう》を受章

―膝軟骨の再生医療とは、具体的にどのようなものなのでしょうか?

人間が自由に活動するために欠かせない、膝関節。膝のお皿の裏側は軟骨で覆われており、軟骨同士が接触することで体を支えている。若く正常な軟骨は弾力と強度があるため、立ったり歩いたりする際に軟骨同士がこすれても、ほとんど摩擦がない。しかし軟骨は、年齢とともに徐々に摩耗する。けがをしていなくても、年を重ねるごとにすり減っていくのだ。軟骨は自分自身に再生能力がないため、外側から何らかの手を加えなければすり減る一方である。膝軟骨の摩耗を原因とする膝の痛みは、老化現象の一つなのだ。人生50年の時代には大きな問題になら

◀紫綬褒章伝達式の会場にて

なかったのだが、平均寿命が80歳を超える現在では膝の痛みに苦しむ高齢者も少なくない。また、若者がスポーツ外傷などによって膝軟骨を大きく欠損するケースもある。若くして膝軟骨が欠損してしまえば、後は年を重ねるごとに急速に摩滅していくしかない。

欠損した膝軟骨を補うために行うのが、膝軟骨の再生医療である。かつては「あまり体重がかからない部分の軟骨を内視鏡で取り、体外で10倍程度に培養。その培養液を注入する」という、スウェーデンの医師が考えた方法が注目された。しかし越智氏は、「この方法だと、液が漏れる可能性がある。何か物体の中に入れて培養した方が、治療効果が高いのではないか」と考えたのだ。ここで用いられたのが、アテロコラーゲンである。コラーゲンは美容外科などの治療ですでに人に用いられており、安全性が確立していた。炎症や免疫反応がほとんど起こらないことも分かっていたので、細胞培養の足場としてはうってつけだった。こうして誕生したのが「コラーゲンゲル包埋自家培養軟骨細胞移植術」である。自分の膝軟骨の細胞をアテロコラーゲンの中で培養し、欠損箇所に戻すという治療法の研究を、１９９６年から倫理委員会の承認を得て開始。細胞組み込み型の再生医療の実用化としては、日本初である。越智氏はこの研究によって、２０１５年４月に紫綬褒章を受章した。

―この治療法は２０１３年に保険診療の適用対象となり、多くの患者さんが恩恵を受けているそうです。

人生の岐路では、風まかせ?

✚人生を振り返って

—今思えば、「ここが分岐点だったな」と感じることはありますか?

　越智氏に「人生の分岐点」を伺うと、「割と風に吹かれて流れたと思います」という答えが返ってきた。彼にとっては、広島大学医学部に進学したのも分岐点の一つであろう。その年、広島大学のみ入学試験に氏の不得意な社会科目が無かったのである。越智氏の郷里は愛媛県であり、愛媛県には愛媛大学医学部が大学卒業時には設置されていた。最初は、広島大学を卒業したら愛媛に帰るつもりだったのだそうだ。

　「ところが卒業間近になって、当時の助教授と講師に『広大に残ったらどうか』と強く勧誘されました。もともと愛媛大学医学部の放射線科に入るつもりで、向こうの教授にも

▶英会話の先生の家で赤ちゃんと同級生の松木啓氏（右）と一緒に（医学部3年生）

▲学生時代は軟式テニス部に所属していた（医学部４年生）

お願いをしていたのですが、結局その日には『分かりました、広大に残ります』と返事をしてしまいました。割と風に吹かれて、決めた部分もあります」。当時、世界的に「手の外科の名医」と称された津下健哉氏が教授として広島大学に勤めており、「広島に残って、津下先生の下で勉強したい」という気持ちもあったのだとか。

「関連病院から大学病院に戻った後は、脊椎脊髄外科を専攻しようと思っていました。ところが津下先生から『手の外科はどうですか?』と言われ、膝の外科をやっていた高橋秀裕先生から『一人しかいないので、手伝ってくれ』と言われ、いろいろありましたが急きょ専攻を『手と膝の外科』に決めました」。

―割と、何となくな部分もあったんですね。

✚島根に行って人生が動いた

―教授として島根医科大学（現・島根大学医学部）に行かれたのは、どういうきっかけだったんでしょう?

越智氏はもともと、島根県とは縁がない。島根医科大学の教授選も、当初は全く興味がなかったらしい。教授選が行われる時は、それを告知する張り紙が掲示されるのが常だ。島根医科大学の教授選の時も同様で、整形外科の教室にポスターを持参する途中の事務局の課長に偶然出会ったという。この課長が「先生、島根医大で教授選がありますよ。出たらどうですか?」と水を向けた。その時は「なんで僕が出るの?」と、笑い話で終わったそうだ。しかし教室に張られたポスターを見ているうちに、何となく、ふと、「出てみようか」という気持ちが湧いてきたのである。当時、越智氏は42歳。島根県に行きたい、他大学の教授選に勝ちたいという気持ちは、全くなかった。「自分でも理由が分からないんですが、なぜか、ふと『出よう』と思ってしまったんです。これも風まかせみたいなところがあるんですが、何となく出馬して、なぜか選考されて、島根に行きました」。これが、越智氏の人生の、ターニングポイントとなった。

越智氏は広島大学病院で、広島東洋カープやサンフレッチェ広島といったトップクラスのスポーツ選手の手術を数多く手掛けてきた。多くのアマチュア選手の紹介も受けており、膝の靭帯や半月板などの手術も行っていた。しかし島根医科大学のある出雲市は、人口わずか7万人の都市だ。プロチームを抱える広島市と比較すると、スポーツ関係の外傷が少ないことは容易に想像できる。そこで考えたのが、膝軟骨の再生治療だ。島根に行く前から論文を読み、「向こうに行ったら、膝軟骨の再生治療を本格的にやろう」と準備を整えていたのである。島根医科大学時代があったからこそ、軟骨再生医療の研究に集中できたのではないかと、越智氏は語る。

―島根県に行かれたことが、大きな人生の糧になったんですね。

✚ホプキンス氏とともに始球式を行う

―越智学長は、カープの始球式を行われたことがあるんですってね?

多くの選手の治療に関わっていたこともあり、越智氏とカープ球団との関わりは深い。加えて、もう一つ「深い縁」がある。それが、カープV1戦士の一人、ゲイル・ホプキンス

▼島根医科大学時代。英国シードホム教授との回診（1997 年）

▶アルゼンチン ブエノスアイレス インストラクショナルコース 国際膝・関節鏡・スポーツ学会に参加（1997年5月11日）

▶第86回日本整形外科学会学術総会にて
（2013年5月23日～26日広島市）
▼ホプキンス氏との始球式（2013年5月25日）

氏との関係だ。ホプキンス氏は、1975年から2年間カープに在籍し、山本浩二氏・衣笠祥雄氏とともにクリーンナップを組んでカープの初優勝に貢献した。カープ在籍中から医師になることを目指し、広島大学医学部組織学の藤田尚男教授の下で勉強。帰国後に医学部に進学して整形外科医となった人物でもある。

2013年5月23日～26日、広島市で第86回日本整形外科学会学術総会が開催された。会長を務めた越智氏はホプキンス氏をこの総会に招き、5月25日には2人で始球式を行った。「マツダスタジアムでの始球式は、松田元《はじめ》オーナーに『ぜひ』と言っていただき、やらせてもらいました。私がピッチャーで、ホプキンス氏がバッター。強い球を投げようと思って暇を見つけてトータル1000球くらい投げ込んでいたのですが、当時の野村謙二郎監督（現在広島大学大学院教育学研究科で、コーチング学を学ぶ）から『素人がマウンドから思い切り投げても、3メートルくらい先にたたき付けてしまうだけ。胸元を目掛けて、ゆっくり山なりの球を投げてください』と始球式直前にアドバイスされ、その指示に従って投げました」。

―すてきなご縁ですね。

広島大学病院の改革と、広島大学の海外への展開

✚ 広島大学病院の経営トップとして

—広島大学病院の組織改革もされていらっしゃいますが。

越智氏は2007年4月～2011年3月まで、広島大学病院の病院長を務めた。広島大学病院の経営が安定したのは、この時期である。前任の学長であり病院長であった浅原利正氏が道筋をつけたことも大きいのだが、最も注目された組織改革が「病床の共通利用」という考え方である。

これまで病床には、見えない垣根があった。外科、内科、整形外科など診療科によって病床数が決まっており、たとえベッドが空いていても科が違えば使うことができなかった。しかし科による垣根を排除し、「空きがあるならどこでも使える」

▲現在の広島大学病院。2013年には医科と歯科の外来を統合した診療棟が開院した

という共通病床制度により、病床の稼働率が上がったのだ。広島大学病院の100床当たりの月額診療収益は、日本の国立大学で東京大学病院を抜いて1位となった（2009～2014年度）。現在この共通病床制度は、日本の大学病院で一般的となっている。

―高度医療を提供する大学病院本来の役割も、存分に果たせますね。

✚知的財産を活用した海外展開

―グローバルな大学を目指すためには、資金面も重要だと思いますが。

広島大学は、数多くの特許を保持している。越智氏が開発した技術は愛知県蒲郡市のベンチャー企業、ジャパン・ティッシュ・エンジニアリング社に移転され、実用化されているが、今後もこういった提携を強

◀東広島キャンパスは、約 250ha の面積を誇る

化していきたいとのこと。国立大学法人化以降、大学の運営費交付金は年々減少している。特許を生かした横の繋《つな》がりや、産学および行政との連携によって、競争的資金を獲得しなければならない。大学が持っている知的財産を生かした経営戦略は、資金面での改革に必要不可欠だ。

世界の上場企業の経営者はＩＲを活用した海外へのＰＲに余念がないが、大学にもこの動きが浸透しつつある。越智氏の元には今でも世界各国から講演依頼が舞い込んできているが、その際には必ず、相手国の有名大学の学長と面談をすることにしている。大学間協定に結びつけるための布石だ。広島は「世界のヒロシマ」であり、欧米だけでなく中東からの注目度も高い。講演に出向いた際に広島と広島大学をＰＲし、留学生の支援やさまざまな連携をお願いするのが、狙いの一つである。広島大学は「自由で平和な一つの大学」という建学の精神を継承し、「平和を希求する精神」「新たなる知の創造」「豊かな人間性を培う教育」「地域社会・国際社会との共存」「絶えざる自己変革」という五つの基本理念の下、国内有数の総合研究大学として発展を遂げてきた。情報科学部と総合科学部国際共創学科の２０１８年４月設置も決定。グローバル化・ＩＴ化が進む社会に貢献する人材の育成に取り組んで行く。

―世界の大学トップ１００入りを目指して、これからも改革を進めてください。

広島大学の歴史

1949 ● 広島市東千田町に設置。学生1304名が入学
1953 ● 大学院3研究科と医学部を設置
1956 ● 学章を制定
1965 ● 歯学部を設置
1974 ● 総合科学部を設置
1977 ● 政経学部を改組し、法学部と経済学部を設置
1979 ● 水畜産学部を改組し、生物生産学部を設置
1982 ● 東広島キャンパスへの移転スタート
1995 ● 東広島キャンパスへの移転完了
2004 ● 国立大学法人法の規定により国立大学法人となる
2006 ● 薬学部を設置
2017 ● 情報科学部・総合科学部国際共創学科の2018年4月設置が決定

国立大学法人広島大学

本部所在地	東広島市鏡山 1-3-2
設　　立	1949 年（本学のルーツである白島学校の創立は 1874 年）
学 生 数	15424 名（学部生 10887 名、大学院生 4520 名、専攻科生 17 名）
職 員 数	3426 名（役員 10 名、教員 1726 名、職員 1690 名）
学部・研究科数	11 学部・11 研究科
代 表 者	学長 越智光夫
U R L	https://www.hiroshima-u.ac.jp/

（※ 2017 年 5 月 1 日現在）

ジャパンシンドロームにストップをかける住まいづくり

アイレストホーム株式会社
代表取締役会長

旦 康次郎

だん やすじろう

1941年生まれ、神戸市出身。学生時代を岡山県で過ごし、自動車メーカーに就職。その後、大手住宅メーカーに転職し、中四国統括営業部長などの要職を歴任。1990年に独立し、アイレストホーム株式会社を設立する。

アイレストホーム株式会社

「健康と安らぎを与える理想の住まいを提供する」をモットーに、注文住宅の建築設計や施工、分譲住宅・不動産の販売および仲介を行う。家具や家電などから発生する化学物質を吸着・分解する住まい「健康住宅エアリード」を推進している。

（敬称略

戦時中苦労してきた母に快適な家をと思い…

壁は独自の幻の漆喰《しっくい》、床は無垢の木。アイレストホームでは、海と山からの自然素材にこだわり、安らぎの住まいづくりに取り組んでいます。川島宏治が、大手住宅メーカーから独立し、健康と環境にやさしい家作りを追求する旦康次郎さんに、理想の住まいに懸ける熱い思いを伺います。

✚家づくりの原点

―大手住宅メーカーからの独立ということですが、もともと住宅業界希望だったんでしょうか。

旦氏は1941年生まれの76歳。いわゆる「戦中派」である。生まれは神戸市だが岡山県で学生時代を過ごし、中学卒業後は自動車メーカーに就職した。その理由は「父親にそうしろと言われたから」である。「父の親友が、『お前の息子の就職先は、俺が決めてやる』と言い、職場を紹介してくれたんです。当時は今と違って親の一言が重かったから、父親の言うことは絶対。親に言われた通りに岡山の自動車会社に就職しました」。就職後は整備士として働きながら、定時制高校に通って勉強をした。3年ほどたってある程度社会が分かってきたころ、今度は自分で仕事先を見つけて転職しようと考え始めた。そんな時ある人に、「世の中には自動車を整備するより、もっと大切な仕事がある。それは、家を大量につくる事だ」と言われ、図書館に通って住宅関連の勉強をした。当時は住宅不足の時代だったため、その人の言葉がもっともに思えたという。

それに加えて心に残っていたのが、母親の一言だった。「昔の家は、台所が暗い場所にありました。私がまだ小さいころ、母が『東からの朝日が入る、明るい台所の家に住みたい』と言っていたのが、心に残っていたんです。父はまだ戦争から帰っていませんでしたから、『母の夢は、自分が叶えてやらなければいけない』という思いがあったんです」。また、当時の住宅は収納スペースも少なかった。旦氏が独身のころは、四畳半一間に半間の押し入れというアパートに住む住民も少なくなかった。整備士としての未来に夢を抱けなかったこともあって、6年半勤めた自動車会社を退職。生涯を懸けられる仕事を目指し、岡山で大手ハウスメーカーの営業マンに転身した。

―お母さんに、明るい台所のきれいな家に住んでもらいたいという気持ちが、アイレストホームの原点なんですね。

住んでいて気持ちのいい、健康になる家を求めて独立

―凄腕《すごうで》の営業マンだったそうですが、なぜ独立したんですか?

23歳の新人営業マンとして新築の完成見学会でお客さまを案内した時のことを、旦氏は強烈に覚えているという。ドアを開いて玄関に入るなり、「ワアー、こんな家に住んだら病気になる!」と、急いで窓を開けて換気をした。上司からは「何も分からない新人が、余計なことを言うな」と一喝され、お客さまからは「これは新築のにおいで、すぐに慣れます。国内最大手の化学工業会社のハウス事業部が、体に悪い物をつくる訳がないですよ」となだめられた。これが、当時の「当たり前」だった。

原因は、建材に使用された化学薬品だった。戦後の住宅不足を解消するために大量に家を建てる必要があるが、国産材を使っていたら国内の山が丸ハゲになってしまう。だから外材を利用しよう…というのが、当時の国策である。外材には防腐・防虫処理のため、化学薬品が塗布されている。旦氏は「化学薬品漬けの建材を使ったら、その家に住んだ人が病気になる」と訴えた。当時は誰もが化学物質を問題視していなかったため、「オーバーなことを言うな」と大説教されたが、彼は自己の直感を信じ続け自説を曲げることはなかった。世のため人のためになる家がつくりたかったのだ。会社の経営方針に納得できなかった旦氏は、退職して起業。自然乾燥させた国産材を使うハウスメーカーとなり、木造住宅を27棟建てた。旦氏の信念に基づいた住宅は、地元でも評判だった。

経営が軌道に乗ったころ、古巣である大手ハウスメーカーの幹部が旦氏を訪ね、「戻って来てくれ」と頼まれた。「帝大出身の大手企業幹部が、私のような中卒の人間に頭を下げるんです。自分の会社と兼業でいいかと尋ねると、それでもいいから戻ってくれと。そこまで頼まれれば、断れません」。倉敷営業所に配属された旦氏は、瞬く間にトップセールスマンになった。そうなると当然大手メーカーの宿命で、転勤の話が持ち上がる。東京や大阪など大都市への転勤命令も出たが、旦氏はことごとく断った。「都会で暮らすのが嫌だったのですが、上司に『広島ならどうだ?ワーストワンの広島営業所を立て直してくれないか』と頼まれて引き受けました。広島は働くにも暮らすにも頃合いの程よい都市で、世界でも知名度が高い。営業所のメンバーからはあまり歓迎されませんでしたが、4年で売り上げを西日本一にしました」。

このころ、政府は木材を安く早く流通させるため、国産材の機械乾燥を奨励し始めた。機械を使って高温で一気に木材を乾燥させると、木の細胞が死んでしまい調湿効果や防虫効果が失われる。それを補うために防虫・防腐剤が塗布され、木材から化学物質が発生するのだ。旦氏は化学物質を使わない健康住宅をつくるため、当時本社と東京にしかなかった設計部を広島にも設立。建材メーカーに「すでに住宅不足は解消されており、大量生産の時代ではない。化学物質を使わない建材で、体の芯からくつろげる、人にやさしい住まいをつくりたい」と依頼した。どの建材メーカーも最初は乗り気なのだが、3カ月もたつと「無垢材は皆無

I REST HOME

住まいをもっと健康に、もっと快適に。

アイレストホーム株式会社

▶2001年まで本社事務所を置いていた、アイレスト稲荷町

です。大手産業界は全て石油化学製品に侵されていて、天然素材はなくなっています」と白旗を振った。

通常であればここで諦めるのだろうが、旦氏は「ここで頑張っても健康住宅はつくれないから、独立して自分でつくろう」と考えた。わが子が喘息《ぜんそく》で苦しんだつらい体験もあり、住宅の専門家として化学物質ゼロの「本物の健康住宅」を目指して、1990年、広島市中区幟町にアイレストホーム株式会社を設立した。

「私は3歳で真庭《まにわ》市に疎開しましたが、すぐ近くに内地材を自然乾燥させる材木屋がありました。材木屋の前を通った時の、心を包み込んでくれるような、気持ちが安らぐいい香りは忘れられません。幼少期に自然素材の素晴らしさを体験したのが原点であり、自然素材は探せばまだあるはずだと思いました」。

アイレストホームの「アイ」は「愛」、レストは「癒やし」、ホームは「家庭」という意味だ。愛は泉のごとくという言葉もあるが、家庭は愛がなければ成り立たない。社名には、「愛に囲まれて癒やされる住まい」「心から愛され、癒やされる住まい」「化学物質に侵されず心も体も休める住まい」という思いが込められている。

―アイレストホームという社名には、会長の強い思いが込められているんですね。

「幻の漆喰」と「音響熟成木材」による、空気のきれいな家

✚本物の「健康住宅」とは

—衣食住の中でも「住」の影響が一番大きいというのが、会長のお考えですよね？

遺伝子工学の権威は、数あるストレスの中で最も影響力が大きいのが「住環境からくるストレス」と述べている。住空間は数多くの要素を持っており、無意識のうちに脳に入る情報が心身の健康と深く有機的に繋《つな》がっていて、未来のことまで左右してしまうようだ。

医療と健康問題の専門家は、「本物の健康住宅をつくるためには、『化学物質』『コンクリート』『結露』『断熱』『防音』の五大重苦の課題を解決する必要がある」と問題提起している。「※人間は、食物から7%、飲料から8%、空気からは83%もの大量の物質を摂取して生きています

※〈出典〉広島大学公衆衛生講座学講義資料（烏帽子田彰教授）より

が、体調不良の原因の8割は空気の質です。ＥＵが２００６年に３万種類の化学物質を規制したのに対し、日本がシックハウス対策・建築基準法で規制するのはホルムアルデヒドとクロルピリホスの2種類だけです。今なお住宅には４５９種類の化学物質が使われており、２００３年にシックハウス対策の法律が施行された後もシックハウス症候群は減少していません。国も産業界も『換気を十分にしないと病気になります』と明記しただけで、病気になっても自己責任扱いです」と旦氏は語る。

　室内の空気汚染の解決策としてアイレストホームが提供しているのが、健康住宅「エアリード」だ。床材のフローリングには、国産杉をクラシック音楽（バッハの曲）の波動でじっくり常温乾燥させた無添加・自然素材の「音響熟成木材」を使用。木が本来持っている油分やエキスが残り、防菌・防カビなどの作用に加え、人間の免疫力をアップする働きがあるとされている。厚さ38ミリの板に木の年輪を浮き上がらせた「浮づくり加工」は、自然な凹凸が足裏を心地よくし、木の風合いを目と肌で味わえる。

　壁と天井には、国産の赤貝や銀杏《ぎんなん》草《そう》（海藻のり）などを使った完全天然素材の壁材を使用。この「幻の漆喰」は、わずかでも光が当たれば光触媒として働き、温度が3℃以上になれば熱触媒として働く独自の光熱触媒作用を持っており、半永久的に室内の化学物質や有害物質・においを吸着分解する優れものだ。一般的な漆喰のように製造工程で「化学のり」を使用しないため、化学物質が発生しない。アトピーや喘息、花粉

▲木の香りが心地よい音響熟成木材

▲化学物質を一切使用しない、天然素材の漆喰の壁

▲施主から「早く帰って深呼吸したくなる」「こんなに違うとは」と喜ばれることも多いそうだ

症やシックハウス症候群で悩んでいる人から、「症状がなくなった」と絶賛されているそうだ。「自然素材のパワーを持つ『エアリード』は、気持ちの良い空気と天然木の香りで心身を癒やすセドロール効果と、免疫力を高めるグロブリン効果が期待できます。体温が1℃下がると免疫力が20％低下すると言われていますが、当社研究室の実証実験では、『エアリード』は居ながらにして低体温が改善されることが証明されています」。

―健康の基本は、「きれいな空気」と「癒やされるわが家」にあるということですね。

▼宿泊することでエアリードの心地よさを体験できる、白島宿泊体験モデルハウス

✚健康住宅を体験できるモデルルームを開設

―空気の違いは、実際に感じてみないと分かりにくいと思うのですが？

健康住宅「エアリード」は、調湿・保温・省エネ性能に優れ、においの問題を解消し、年中無休で「きれいな空気」を提供する住まいだ。実際に「きれいな空気」を体感してもらうため、アイレストホームでは「白島宿泊体験モデルハウス」と「住吉イベントルーム」を開設している。「白島宿泊体験モデルハウス」は、一般的な「見学できるモデルルーム」ではなく、宿泊体験ができるのが特徴。実際に宿泊した人からは「室内にいても森の中にいるみたい」「家に入った瞬間の、清々《すがすが》しい木の香りが気に入った」「床材に分厚い杉板が使われており、裸足《はだし》で生活したくなる」と、

◀住吉イベントルーム、内部の様子

▼ヨガ教室など、地域で活動するさまざまなサークルや団体に利用されている

◀老朽化したビルをリフォームした、住吉イベントルーム

うれしい声が多く届いている。室内には「音響熟成木材」を使った、インテリア小物も置かれている。

「住吉イベントルーム」は、築40年の老朽・カビ・悪臭ビルを「真の健康空間」として改装したものだ。もともと「古いが立地が良いビルがあるので、何か使い道を考えてほしい」と売りに出されたものを旦氏が即決で購入。リノベーションによって健康住宅によみがえらせ、お披露目のときには「どんな魔法をかけたんだ」と絶賛されたという。２階の広いスペースは手作りパン教室やフラダンス教室など、地域活動やサークルなどの活動団体に無料開放しており、２０１７年７月現在、開設以来イベント開催数１５９０回、延べ利用者数1万７６００人を超えた。「空気感を体験しつつ、自分の好きなことができる」と、多くの人が「安心・安全な空気の心地よさ」を体感。特に子ども連れの母親に好評を得ている。

「白島宿泊体験モデルハウス」「住吉イベントルーム」はともに２００７年の開設のため築10年が経過しているが、音響熟成木材の香りは現在も変わりなく、木目にもいっそう艶が出て経年美化が楽しめる。気持ちの良い空気は、健康寿命への第一条件だ。後悔しない新築・リフォームのためにも、一度モデルハウスで「きれいな空気」を体験してみてはいかがだろうか。

—実際に自分で体感すると、良さが分かるんですね。

ジャパンシンドロームにストップをかける

✚健康寿命と医療費削減に貢献する

―経営者として大事にしているもの、貫きたい信念はありますか?

旦氏が健康住宅に着目したのは、今から半世紀ほど前。外国木材を使った新建材が大量生産されるようになり、化学塗料や接着剤、防腐剤などの大量の添加物使用が本格化した。当時は新建材の見た目と便利さに満足して、誰もが化学物質の恐ろしさを想像していなかった。しかし室内の空気中に浮遊している、目に見えない化学物質の影響を見落として来た結果、日本の国力が低下していると旦氏は語る。約30年前、日本は「世界一美しい憧れの先進工業国」と言われていた。しかし現在は少子化と難病が増大化しつつあり、近年の日本は「負の連鎖（ジャパンシンドローム）が始まった、要注意国」と見なされているのだ。少子化もシックハウス症候群も、戦後の石油化学産業の発展と同時に深刻化したものである。「人は毎日2リットルのペットボトル５０００本分の空気を体内に吸収しており、人体の83％にも及ぶ物質を空気から摂取しています。しかし人間は2分で空気に対する違和感が麻痺《まひ》し、室内の空気環境の汚れに気付きません。建築基準法で使用制限なしの「Ｆ☆☆☆」建材も、化学物質が含まれています。そのため国は、現在の住宅環境は換気を十分にしないと病気になると明記しています。目に見えない空気中の化学物質は少量でも危険であり、幼い子どもほどその影響力は計り知れないのです。親が知っていれば、子どもを救えます」と、旦氏は訴える。

　空気のきれいさは目に見えないため、伝わりにくい。もちろん「白島宿泊体験モデルハウス」や「住吉イベントルーム」で実体験することはできるが、興味のない人が多いのが現実だ。そこで現在は少しでも多くの人に空気の重要性と本当の健康住宅について知ってもらうため、知識人や経済界に向けた注意喚起を行っている。特に重視しているのが、医療従事者だ。医療機関ではホルムアルデヒドや有害化学物質を使うため、ホルムアルデヒド許容濃度を０・５ｐｐｍとしていた。２００８年３月には０・１ｐｐｍに改訂されたが、医療関係者は一般の人より多く体内に化学物質を吸収している。「ドクターは、もっと自分が吸い込んでいる空気について敏感になってほしい」と、医師会の会報誌に広告を出稿するなど、さまざまな方法で告知を続けている。

―知ってもらうことが大事ですね。

✚住まいで家族の健康を守りたい

—企業内保育所の開設にも、携わっていらっしゃるとか?

アイレストホームではこれからの未来を担う子どもたちのため、「子どもの呼吸にやさしい保育園」をコンセプトにした保育園の建設にも携わっている。2018年春には、田中学習会の企業内保育園で広島初のエアリード仕様の保育園がオープン予定。広島電鉄とも、同様のプロジェクトが進行中だ。子どもたちはきれいな空気の中で過ごすことで「違いが分かる大人」に成長し、保育士は「きれいな空気」の職場で働き、保護者は送迎時に「保育園内と他の場所の空気の違いに気付き、空気の重要性を体感する」という仕組みだ。

小さい子どもを持つ親の間で「木の玩具」が注目されているが、その木に使われている化学物質を気にする親は少ない。アイレストホームでは2017年春より、音響熟成木材を使った玩具や雑貨を販売する「mukumuku」を立ち上げた。木工教室など、天然無垢材の良さを知ってもらうためのプロジェクトも推進中だ。

住宅だけでなくオフィスビルなどもエアリードに変われば人の体が変わり、人の体が変われば町も社会も変わるはずだ。無添加自然素材の持つ無限のパワーを生かし活用する「健康住宅」の素晴らしさを、一人でも多くの人に伝え、子どもや孫を救いたいと、旦氏は人生を懸けて訴え続けている。

—これからも、健康と安らぎを与える理想の住まいを提供するための挑戦は続きそうですね。

▲▶音響熟成木材で作った、木の玩具や雑貨。幼い子どもを持つ保護者からも、注目されている

▶2017年に完成した分譲モデルハウス、サンテヴェール東観音台

▼2010年、岡山市に宿泊体験のできる岡山営業所を開設

◀エアリードとZEHを組み合わせた、グランセノーテ焼山北

アイレストホーム株式会社の歴史

1990 ● 中区幟町にて会社設立
1992 ● 口田南にて、全8区画の造成及び分譲開始
1994 ● アイレスト牛田早稲田（賃貸マンション：全25戸）取得
2001 ● 牛田新町の日本銀行社宅跡地取得、全8棟分譲住宅販売
アイレスト稲荷町完成。本社事務所を稲荷町に移転
2007 ● 「住吉体感ルーム」「白島体感の家」オープン
矢口ケ丘「ガーデンヒルズゆとり野」62区画開発
2008 ● 伴東そらちかタウン29区画開発
東急グループより安佐南区若葉台２２９区画取得
2010 ● 岡山市北区南中央町に、宿泊体験ができる岡山営業所開設
2011 ● ＴＹＳ「サエラ住宅展示場」へ出展、山口営業所開設
2013 ● アイレスト中町、サンテフェスタ平和大通り着工
2015 ● 本社をアイレスト中町に移転

アイレストホーム株式会社

本社所在地：広島市中区中町 9-9
設　　　立：1990 年 7 月
資　本　金：5000 万円
従 業 員 数：36 名
売　上　高：20 億 1900 万円（2017 年 6 月期）
代　表　者：代表取締役会長　旦康次郎
Ｕ　Ｒ　Ｌ：http://www.irest.jp/

転ばぬ先の杖、杖、杖、杖、杖

株式会社バルコム
代表取締役

山坂 哲郎

やまさか てつろう

1955年生まれ、広島市南区出身。広島県立広島商業高等学校野球部でキャプテンを務め、広島大学教育学部へ進学。広島マツダへ入社し3年間自動車セールスについて学んだ後、バルコムヒロシマモータース（現：バルコム）に入社。1987年から代表取締役を務める。

株式会社バルコム

広島を中心に、岡山・山口・福岡エリアで、BMWやMINI、Harley-Davidsonなどの正規ディーラーとして、自動車や二輪車を販売。中古車の買い取りや販売、メンテナンスや保険業など、カーライフ全般にわたるサービスを展開している。

（敬称略）

野球漬けの青春から学んだこと

ドイツの名車BMWを始め、MINI、Harley-Davidson、BMWモトラッドなど、海外の高級自動車・二輪車を販売する株式会社バルコム。不動産や飲食業にも積極的に取り組み、総合サービス業への成長を目指しています。川島宏治が、バルコムの社長・山坂哲郎さんに、ビジネス展開への思いや人材育成について伺います。

✚野球部時代を思えば、なんでもできる

―学生時代は広島商業高校で野球をやっていらっしゃったとか。厳しかったんじゃないですか？

山坂氏は学生時代、広島商業高校でまさに「野球漬け」の日々を過ごした。朝は6時30分までに登校してグラウンドを整備し、バッティング

練習をする先輩たちの手伝いをする。ギリギリまで朝練をするので、教室に入ると遅刻扱いになったこともある。休憩時間にも練習をし、放課後は15時30分から夜の22時まで練習。23時過ぎまで練習することも、珍しくはなかったという。「そういう厳しい中で3年間続けられたということは、自分の中で自信になっています。広商野球部1年生時代を思い出し、『あれを耐えられたんだから、今回も大丈夫』と思えますから」と山坂氏は、笑顔を見せる。

高校卒業後は、広島大学教育学部に進学した。株式会社バルコム（当時は、バルコムヒロシマモータース）は、彼の父親が起こした会社である。両親が離婚し母親に引き取られていた山坂氏にとって、父の会社は近くて遠い存在。商売をしたいという気持ちはあったが、野球への強い思いもある。当時の未来像は、教師になって野球部の監督になり甲子園を目指すか商売をするかの二択だったが、最終的には広島の大手ディーラーで、野球部を持つ広島マツダに入社した。社会人野球が経験できてセールスの勉強もできることが、決め手となった。

営業に配属された山坂氏は、非常に優秀だった。入社わずか3年で、広島マツダ全社のトップセールスマンになったのである。山坂氏は自分がトップに立てた理由を、こう分析している。「15時15分になったらタイムカードを押して野球の練習に行っていましたから、働く時間は他の人より短いんです。いつも計画を立てて動いていたけれど、それくらいなら他の人もやっているでしょう。では何が良かったのかと考えて思い付いたのが、諦めの遅さでした」。例えば知人から「50万円の中古車を購入したい人がいる。御社は新車しか扱ってないから、紹介しても駄目よね」と言われたとする。通常であれば「そうですね」と断るところだろうが、山坂氏は「それでもいいから」とお願いして紹介してもらい、78万円のファミリアスタンダードを提案する。何事も諦めずプラス思考で進めるのが、彼のポリシーだ。彼の諦めの遅さを象徴するエピソードを一つ紹介しておこう。

これまでBMWに乗っていた顧客に、BMWの代替提案に部下のセールスマンと一緒に会いに行ったが、成約に至らなかった。帰り際「どう思う?」と部下に質問したところ、回答は「もう、駄目だと思います」だった。山坂氏自身も正直難しいだろうとは思っていたが、道を歩いている人にBMWを買ってくださいとお願いするより、顧客にもう一度お願いする方が売れる可能性は高いはずだ。そう信じて翌朝もう一度その顧客を尋ねたら、「あなた方の熱意に負けた」と購入してもらえたという。

一般的なセールスマンは、ショールームを訪れた客を「車を見に来たのだろう」と判断する。しかし山坂氏は「車を買いに来たのだ」と考えるという。たとえ「見に来ただけだから」と言われても、「恥ずかしくて本心が言えないだけで、きっと欲しいに違いない」と思って接客に当たる。こういったちょっとした考え方や姿勢の積み重ねが、彼をトップセールスマンにしたのだろう。

—野球部で培った精神力と諦めない気持ち、プラス思考が鍵ということですね。

▲広島県立広島商業高校野球部では、キャプテンを務めた

▼社会人になってからは、広島マツダ野球部に所属

安心するために、転ばぬ先の杖をたくさん準備する

1カ月の暗闇旅行のおかげで強くなれた

—山坂社長が入社された当時のバルコムは、こんなに大きい会社ではなかったと思いますが、当時はどのような会社だったんでしょうか。

山坂氏は広島マツダで3年間修業をし、バルコムに戻って来た。今でこそ従業員480人、売上高は241億円を超えているが、当時はまだ小さな会社。社員は20人、売り上げ台帳はノートの走り書き状態だった。「顧客リストもなければ、売り上げ台帳もない。会社というより、個人商店に近かったように思います。戻って来た私の最初の仕事は、顧客リストと売り上げ台帳の作成でした」。

一番苦しかったのは、山坂氏が34歳のころ。バブル崩壊の時代である。当時、会社には20億円の借金があり、金利は9800万円だった。バブル崩壊の1年後、金利は1億8000万円、次の年には2億円になった。わずか2年で、金利が2倍以上に跳ね上がったのである。「それまで私の中に『頑張った人間は勝てる』『努力すればできる』という信念がありました。ですが金利は、私の努力や頑張りではどうにもできません。あの時初めて、『自分の努力だけでは、どうにもならない世の中があるのだ』と学びました」。山坂氏は当時の状況を「暗闇の旅行」と表現する。自分は、真っ暗な闇の中に立っている。今立っている場所には辛うじて地面があるが、一歩踏み出した先には地面がないかもしれない。そんな「身動きが取れない恐ろしさ」が1カ月ほど続いた。この時期が経営者としての自分を強くしてくれたのだと語る山坂氏は、なるほどプラス思考である。

この状況を乗り越えられる人と、乗り越えられない人の差はどこにあるのだろうか。山坂氏は、いろいろなことに悩んだら、その時の状況に身を任せることで苦境を乗り越えてきた。「私は中村天風さんの『前向きな人間や積極的な人間は、大宇宙の自然が応援してくれる法則がある』という言葉を信じているんです。野球にしてもビジネスにしても、悩んだ時は進む方法を決めず、立ち止まってふわふわ浮いておく。すると、『神様が呼んでくれた』というのを感じる時があるんです」。

スピリチュアルな部分はさておき、人が運を運んで来るという側面もある。人が好きだという山坂氏は、平生から非常に面倒見が良い。嫌いな人もあまりおらず、謝られたらすぐに許してしまう。どちらかという

▶新車・中古車から用品、パーツまで取りそろえたMotorrad Balcomは、広島・岡山・北九州に展開

と、「みんなと仲良くしたい」というタイプだ。この思いが、コーポレートバイブルの「幸せの実現」につながっている。たくさんの人と繋《つな》がって、その人と仲良くなることは、幸せなことだ。その幸せは、転じてビジネスの「縁」にも繋がってくる。車を買おうと思った時、仲の良い顔なじみの人の方が相談しやすいし、どうせならその人から買いたいと思うもの。食事をする時も同じで、せっかくなら知人の飲食店を利用したくなるのが道理だ。「縁」と「幸せ」は、さまざまな所で繋がっている。「中国でビジネスを始めようと思い、上海に会社をつくったのですが、だまされて失敗しました。『神様がこんな前向きな男をだますのはおかしい。恐らくこれは、次の事業の準備をしろということだろう』と前向きに考えていたら、広商時代の野球部の先輩が『今、息子が中国でビジネスをしている。お前に頼み事があるらしいので、相談に乗ってやってくれないか』と言って来られたんです。最初は車を磨く溶剤の話だったのですが、そこから中古車の話に発展し、彼と一緒に組んで山東省の済南で起業しました」。自分から運を引き寄せ、人から運ばれて来る運を大事にするのも、経営者として重要だそうだ。

—普段から人のために動いているから、幸運が運ばれてくるんですね。

▲ HDJ 契約正規販売店 HARLEY-DAVIDSON Balcom

▲ MINI 福山・BMW 福山

▲ MINI 広島

▲展示場には、カラフルな MINI の最新モデルが並ぶ

▼自家製パンチェッタの煮込みや炭火焼などで気軽にワインを楽しめる、「路地裏ワイン酒場 PANCETTA」

✚目指すは総合サービス業

―不動産や飲食まで、手広くビジネスをしていらっしゃいますよね。

バルコムはカーディーラーであり、BMWを販売している。しかしもしBMWが、もしくは車がなくなったら会社はどうなるのか。その「転ばぬ先の杖《つえ》、杖、杖、杖、杖」が、他業種展開だった。車がなくなっても移動手段は必要だから、お客さまの移動をお手伝いする仕事をすればいい。Harley-Davidsonは移動手段に加え、趣味という側面もある。もしHarley-Davidsonがなくなっても、お客さまの趣味をお手伝いする仕事ならできる。これが転んだ時に使える「杖」である。杖というより、柱に近いだろうか。一番大きい柱が、BMWディーラー。その周囲に、MINIディーラー、Harley-Davidson

◀「鉄ぱん屋弁兵衛」は広島県内に6店舗、東京に1店舗展開

▼▶常時200台の輸入車・国産車を展示販売する Balcom Marina Bay

ディーラーという小さい柱がある。

自動車関連ということで、自動車保険や中古車販売・メンテナンスなどの柱を立てた。しかしそれだけでは足りないので、飲食や不動産といった柱も立てて安定収益を目指す。カーディーラーという大きな柱をメインに小さな柱をたくさん立て、大きな収益が減少しても全体の柱で会社を支えるというのが、バルコムのコンセプトだ。「会社を継いだばかりのころは、頑張ればできる、努力すれば勝てるという勢いでした。でもメーカーの年間ボーナスや世の中の動きで利益が左右されるなど、不安なことがたくさんあります。転ぶ前に何をすればいいか、安心するために何をしたらいいかということで、さまざまな事業を展開中です」。

―転ばないように、たくさんの杖を準備していらっしゃるんですね。

▶北広島町と、「観光振興およびまちづくりに関する協定書」を締結

✚北広島町に「長笹樂山《ながささらくさん》」を創設

―ビジネス以外にも、面白い活動をしてらっしゃいますよね。

２０１５年10月３日、山県郡北広島町長笹に二輪ライダーや四輪ドライバーが集える新スポット、長笹樂山がオープンした。敷地内にはうどんなどの軽食が取れる母屋を中心に、ツーリングやドライブの疲れを癒やす足湯エリアや、ヴィンテージバイクの展示場、交通安全を祈願するオートバイ神社が立ち並ぶ。中国山地の麓に位置しており、時期によっては雲海を望むこともできるビュースポットだ。ライダーからも「ライダー仲間と集まれる場所ができた」と喜ばれている。

もともとこの場所には、蕎麦《そば》打ち名人として知られる高橋邦弘氏の人気蕎麦店「達磨」があった。達磨閉店後の施設を新たな賑《にぎ》わい拠点にしようと、バルコムグループが元店舗を生かす形で整備・運営を手掛けたのだ。オープンに伴い、バルコムと北広島町が、観光拡大や雇用創出などに連携して取り組む協定「観光振興およびまちづくりに関する協定書」を締結。山坂氏は北広島町観光大使に就任している。

この「長笹樂山」誕生のきっかけとなったのも、山坂氏の人脈によるところが大きい。２０１３年、広島大学同窓生間の経済交流や学生支援などを目的とし、学部を越えて交流する「千田塾」が立ち上がった。山坂氏は発起人の一人であり、会長である。「達磨」の建設に携わった広島のハウスメーカー・ヤマネホールディングスの山根恒弘会長も、広島大学出身であり千田塾のメンバー

▲新たな観光スポットとして注目が集まる「長笹樂山」

だった。「まず山根さんから、達磨が閉店することになったが、その跡地を買わないかというお話を頂きました。ちょうど、『ビジネスとして利益を出すだけでなく、楽しい仕事もしてみたい』と思っていたところ。同じく広大ＯＢで千田塾のメンバーである北広島町の箕野《みの》博司町長に声を掛けたところ、一緒にやろうということになり、話が動き始めました。島根県浜田市には、オートバイ神社があるんです。同じ物をこちらにもつくりたいとなった時には、広大ＯＢの島根県議会議員さんが手伝ってくださいました」。千田塾の人脈と山坂氏の行動力がうまく機能して、町おこしに繋がった素晴らしい事例である。

―ここまでくると、総合サービス業というより総合プロデューサーですね。

やりがいを持って仕事をすれば、心が豊かに

✚心豊かな社員を育成する

―社員の育成は、どういう風にしていらっしゃるんでしょうか。

バルコムの社訓は「お客様の満足」「社員の満足」「会社の満足」「社会の満足」である。当初は「社会の満足」がなく三つの満足だったが、山坂氏が「何かが足らない」と付け足し、現在は四つの満足として浸透している。「社会の満足」の一貫として取り組んでいるのが、「バルコム マイ・ハート・コンサート」だ。ビオラ奏者の沖田孝司氏が中心となって結成されたマイ・ハート弦楽四重奏団が演奏する慈善コンサートで、収益は医療や青少年育成のために寄付される。バルコムではこの収益金を利用し、小児癌《がん》経験者の子どもたちと家族にカープ観戦をプレゼントしている。今でこそ定着しているが、始めたばかりの時は「なぜ業務時間外に、業務外のことでミーティングをしなければいけないのか」と社員からクレームがあったという。会社命令で押し切ることもできたが、山坂氏は懇々とコンサートに懸ける思いとその重要性を説明した。「ゴミ拾いをして空き缶を換金し、そのお金で苗木を買って植樹をするという活動をやったことがあります。広島の人を元気にするのが目的だったんですが、一番元気になったのはこの活動に参加したメンバーでした。人のためや町のために何かをすると、何となく気持ちが良くなり、心が豊かになるんです。だからうちの社員にも、『心が豊かになった』という経験をさせてやりたかったんです。何か気持ち良くなるから、だまされたと思ってやってくれと頼みました」。充足感でも、優越感でもいい。とにかく「人のために動いたら、

◀マイ・ハート・コンサートの様子

気持ちがいい」という経験をしてほしかった。自分が社会にとって必要な人間だという思いが持てれば、意識も高まる。自分の行動によって結果が出れば、責任感も生まれる。この好循環が、心の豊かな社員の育成に大きく役立っている。

―学校教育の現場などでも、どんどん取り入れていってほしいですね。

✚やりがいある仕事で幸せになる

―経営哲学が、「幸せの実現」ということですが。

人はなぜ働くのか、なんのために生きているのか。それは幸せになるためである。幸せになるために楽しい仕事をしよう、生き甲斐《がい》を持って仕事をしようというのが、バルコムの基本理念だ。会議の場で「みんなで幸せになろう」と発言するのは照れくさくて勇気がいったと山坂氏は語るが、それでも言い続けなければ伝わらないと何度も口にしたという。「いい給料をもらって、自分の時間を持つのは大事なことです。でも根本にあるのは、やりがいを持って仕事ができるかだと思います。『やらされている』のではない『やりがいのある』仕事をして、自分の時間が持て、給与に余裕があって、社会貢献活動をして心が豊かになることが、社員の満足につながります。幸せや満足の形は人それぞれですから、自分なりの幸せをプラスαしてもいい。仕事を通じて、幸せを実現してほしいです」。

―山坂社長らしいお話を、ありがとうございました。

株式会社バルコムの歴史

1967 ● 株式会社バルコムヒロシマモータースを創業

2003 ● 株式会社バルコムモータースへと社名変更
株式会社バルコムエミューを設立

2011 ● 株式会社Ｊネットレンタカー中国を設立

2012 ● 株式会社バルコムロジプラン、株式会社バルコム不動産を設立

2013 ● 株式会社バルコムへと社名変更

2015 ● 济南霸尔肯汽车销售服务有限公司（中国）を設立

2016 ● 临沂远通霸尔肯汽车整备有限公司（中国）を設立
ＡＢＵＲＩＹＡ ＰＴＥ ＬＴＤ（シンガポール）を設立

2017 ● 株式会社バルコムを持株会社へ移行
株式会社バルコムモータース広島
株式会社バルコムモータース岡山
株式会社バルコムモータース山口
株式会社バルコムモータース福岡
株式会社バルコムモーターサイクル、ベジコ株式会社を設立

株式会社バルコム

本社所在地	広島市安佐南区中筋 3-8-10
設　　　立	1967 年 12 月
資　本　金	5000 万円
従 業 員 数	510 名
売　上　高	300 億円（2016 年実績）
代　表　者	代表取締役　山坂哲郎
Ｕ　Ｒ　Ｌ	http://www.balcom.jp/

今ある商品を大切にしながら、新しい商品を開発する

田中食品株式会社
代表取締役社長

田中　茂樹

たなか しげき

1951年生まれ、広島市西区出身。立教大学卒業後、田中食品株式会社に入社。常務、専務を経て、1992年に代表取締役に就任。座右の銘は「毎日半歩でも前へ事を進める」。

田中食品株式会社

1901年、呉市で漬け物や佃煮、味噌の製造販売を行う商店として創業。1916年に発売したふりかけ「旅行の友」は、100年を超えるロングセラー商品として愛されている。1928年に本社を広島市に移転。廿日市市と東広島市の工場で、約170種類の商品を製造する。

（敬称

父から学んだ、もの作りへの執念

1901年創業の田中食品は、ふりかけの老舗メーカー。1916年に誕生したふりかけ「旅行の友」は、100年以上愛される主力商品です。川島宏治が、田中食品株式会社代表取締役社長の田中茂樹さんに、旅行の友誕生秘話や商品開発に懸ける思い、時代に合わせた経営戦略を伺います。

✚旅行の友誕生のきっかけ

―田中食品といえば「旅行の友」というイメージですが、ふりかけがスタートではなかったんですよね？

広島県呉市で産声を上げた、田中食品。田中茂樹氏の祖父・保太郎氏が漬け物や佃煮、味噌の製造販売を行う商店を開いたことから歴史が始まった。呉という土地柄か、軍との

◀大正時代に、陸軍と海軍から「持ち運びに便利で日持ちする食品を」という要請を受けて作られた「旅行の友」。当時は筒型缶容器に入れられていた。

関わりは創業当時から深かった。「今はいろんなおかずがありますが、明治・大正は漬け物や佃煮くらいしか食べる物がない時代。漬け物はあまり日持ちがしませんから、軍から『持ち運びに便利な栄養価の高い保存食を作ってくれ』と要請があったと聞いています」と田中氏。戦地にいるわが子や身内に、栄養のあるものを食べてほしいという想いがあったのだろう。当時店舗の向かいに、だしを作る工場があった。その工場から出る魚粉をご飯にかけ、醤油をかけて食べると思いの外おいしい。そこにアイデアを得て、醤油で味付けした魚粉を売り出したのが「ふりかけ」の原型だ。ふりかけ「旅行の友」は、１９１６年に呉海軍向けの栄養補助食品として発売され、その後一般家庭に浸透していった。田中食品は１９２８年に法人化して広島市に移転、１９５１年に現在の社名となった。今や東広島市と廿日市市の工場で約１７０種類の商品を製造しており、東京をはじめとした五つの主要都市に営業所を設けている。

　田中氏は１９９２年、４代目社長として父親から経営を引き継いだ。経営者の息子であれば「会社を継ぐか、別の道を進むか」で悩むのであるが、田中氏は「継ぐ、継がないの話ではなかった」と笑う。「跡を継いでほしいとか、お前が継ぐんだぞと言われたことはありません。継ぐのが当たり前という感じでした。小さい時から、『早く帰って仕事を手伝え。いつになったら楽をさせてくれるんだ』と言われていました。子どもには、言い続けることが大事なのかもしれませんね」。田中氏が父の背中から学んだのは、もの作りへの意欲だった。いいものを作

▶ 1965年ごろの工場内の風景。ふりかけ自動計量器で、ふりかけを袋詰めしているところ

る、自分が納得するものを作るという強い意識は、意欲というより執念に近いと感じたそうだ。「父は家に帰ると丼鉢にふりかけを入れて、つまんで落とすんです。皿の上に落としたり、紙の上に振ったりして、『結晶状態が良くない』『配合がいまいちだ』と、毎日毎日自分で味を確かめていました。今は成分表示がありますから簡単に変更できませんが、昔はほぼ毎日、父が味を変えていました。暑い時には塩を増やし、寒くなると砂糖を少しだけ加えるなど、温度計を見ながら配合を変えていたようです」。自分が納得できないものは客に出さないという、執念だったに違いない。

—「旅行の友」は、発売して100年を超えるロングセラー。このこだわりが、消費者から支持され続ける秘訣なのでしょうね。

✚会社を継ぐという意識

—幼いころから継ぐのが当たり前という環境で育ち、新入社員として田中食品に入社されたわけですが…。

大学卒業後、田中氏は父の会社である田中食品に入社する。幹部候補や役員ではなく、新入社員としての入社だった。初任給が10万円程度、手取り一桁からのスタートである。しかし「自分が跡を継ぐのだ」という意識は常に持っており、この会社をつぶしてはいけないという一心だったという。同じ物はいつまでも続かない、何か新しい物を作らなければと、いつも考えていた。折しも1970年代前半、学校給食が大きく動いた。これまでの米食中心から

▼「焼きわかめ」製造風景（1965 年ごろ）

パン食にシフトされ、ふりかけ市場が大規模に縮小したのだ。田中食品だけでなく、業界そのものが大打撃を受けた。この危機を乗り越えるために、あるメーカーは規模を縮小し、あるメーカーは新商品で販路を模索した。この時期が分かれ道になったと、田中氏は当時を振り返る。

―跡を継ぐという意識を持って、さまざまな事を考えながら仕事をされていたんですね。

▲ 1960 年ごろの工場外観

今の商品を大事にしながら、新しい商品に挑戦する

✚ミニパックシリーズ開発秘話

―1975年に発売したミニパックシリーズも、長く愛されている商品の一つですよね。どういったいきさつで誕生したんでしょうか。

ふりかけ製造を始めて1世紀という田中食品には、さまざまな人気商品が存在する。1975年に発売を開始したミニパックシリーズも、その中の一つだ。「旅行の友」「鰹みりん焼」「のり・たまご」「さけ」「たらこ」「磯海苔」の6種類を、食べ切りサイズの携帯用として商品化。弁当の友として、その地位を不動のものとした。この「ふりかけの小袋詰め合わせ」を開発したのが、当時まだ社員だった田中氏である。昭和50年代は、「大きいものは良いことだ」という時代。なぜ「小袋詰め合わせ」がヒットしたのだろうか。田中氏に尋ねると、「あれは、小さくしたわけではないんです」という答えが返ってきた。

事の発端は、東京での営業活動だった。東京の問屋に営業をかけた際、「田舎のメーカーは、面白い物を何も持って来ない」と笑われたのだ。これではいけない、新しい物を考えなければと試行錯誤した結果、思い付いたのが小袋だった。最近は口にチャックがついた袋が一般的だが、チャック付きの袋はコストが高い。このため昔のふりかけは、一度開封したら口を折って丸めて輪ゴムで留め、保管するのが一般的だった。しかしこの保管方法だと、どうしてもふりかけが湿気ってしまう。家にふりかけがあるので、新しい商品は買わない。でも古いふりかけは湿気っておいしくないから、あまり食べない。これが、ふりかけの需要が伸び悩んでいる原因ではないかと考えたのだ。そこで田中氏はその都度新鮮な状態で食べられるよう1回使い切りサイズの小袋を提案したのだが、当時はそういう時代ではなかった。「ごく少量のふりかけを、袋に入れただけ。中身が5円のふりかけを、『袋に入れたから10円です』という売り方をしてはいけないという時代でした。袋を薄くすれば湿気るし、厚くすれば袋のコストが上がる。仕方がないので少し割高価格で詰め合わせにし、『これはお弁当用のふりかけです』と売り出しました。ふりかけご飯はおいしいが、弁当箱のふたにふりかけが付いてしまう。できれば食べる直前にかけたいという意見を、参考にしたんです」。

この「お弁当用ふりかけ」というアイデアが、市場に受け入れられた。

量販店に納品して会社に戻ると、その店から再び注文が入っているくらい売れたという。「この商品は、すごい動きをするな」というのが、当時の田中氏の感想だった。小包装内のグラム数を変えたり、巾着《きんちゃく》袋に入れたり、売り場に合わせて内容を変えたりしたが、全て大ヒット。この「使い切りサイズのお弁当用ふりかけ」のアイデアが、田中食品の基礎を築いた。1989年には株式会社サンリオとライセンス契約し、キャラクター物に着手。キャラクターをパッケージにあしらったシリーズは、子どもたちに大人気となり、全国展開の商品となった。

—この大ヒットが、田中食品株式会社の基礎になったわけですね。

✚商品開発はうまくいかないことばかり?

—大胆な商品開発と、伝統の味を守ること。矛盾しているようにも見えるのですが?

人々の食生活は、日々変化し続けている。50年先、100年先の人々が、今と同じ物を食べている保証はどこにもない。「100年先の食事風景が今とまるっきり変わってしまうなら、今の商品を大事にしながら新しいものに挑戦していかないと、生き残れないと思います」と田中氏。新しい物を求める人々のニーズに応えるためにも、新素材の研究は必要だろう。しかしどの時代にも求められるのが、「健康と安全」である。いくら早くおいしい商品を販売しても、体に悪い作り方や売り方をしては企業の信頼を落とすだけだ。敢《あ》え

◀混ぜご飯の素「ごはんにまぜて」シリーズは、16種類の味を展開している

▶人気のサンリオキャラクターをプリントした商品

て「健康で安全」とＰＲするのではなく、「健康で安全が当たり前」という期待を裏切らない商品を作ることが、重要となってくる。

もちろん商品開発は、一筋縄ではいかない。田中氏曰《いわ》く「開発しても、ほとんどうまくいかない。10個作ったら、9個は失敗する」とのこと。しかし失敗してもしぶとく手直しすることで、改良できる部分も多いという。「現場からは、『社長はたくさんいろいろな物を作らせるけど、売れる物はそんなにない』と言われるんですが、やはり具現化してみるのが大事なんです」。実は現場に「無理だ」と言われるのは、少し快感なのだそうだ。もし簡単にできるようであれば、ライバル企業にも簡単にできてしまう。これではすぐに後発商品が出てしまい、オンリーワンにはなれない。「うちの現場ができないなら、よその企業でもできないから、ライバルが出てこない。だから現場に『こんなの無理です』『やれません』と言われると、うれしいんですよ」。

―やはり一度、作ってみるのが大事ですよね。

みんなで意見を出し合って、変わりゆく価値観に対応する

✚ 経営者として大切にしていること

―どの企業でも人材育成が課題となっていますが、田中食品さんはいかがですか?

田中氏が入社した際、指導社員は当時の社長である彼の父しかいなかった。「父の教育は陸軍式でしたから、ものすごく厳しかった。私には恐ろしくてできませんし、そもそも人様に言えるような教育方法ではありません。見本がないので、全部勉強しながら手探りでスタートしました」。コンサルタントへの相談や研修会への参加、自分がやって良かったと思うものをまとめることから始めたという。「自分自身、新入社員時代に『分からなくて恥をかいた』という経験をたくさんしました。社会人として必要なものはマニュアルにして渡していますし、技術訓練や基本的な仕事は当然指導しないといけないので、基礎研修は重視しています」。

しかし近年、困惑することも多いという。一番難しいのが、一般常識の変化だ。これまで「社会人として、これは常識だろう」と思っていたことが、若い世代に通用しない時代になっているという。ここをどうクリアするかが、間違いなく今後の課題となる。型にはめる教育が嫌われるようになっているため、上意下達で画一的な教育を行うのではなく、社員一人ひとりが持っている才能を持ち寄り、全員で一つのものを作っていく時代になっていくと、考えているそうだ。

人材育成も重要だが、経営者としてもう一つ大切にしていることがある。それが「人を大事にすること」だ。時代とともに常識や求められる商品は変わって行くが、人の精神はそう簡単に変わらない。「たとえ自分が損をしても、相手に損を与えない」「嘘《うそ》を言わない」「相手に後悔させない」「信用を失うようなことをしない」というのが、田中氏の経営理念となっている。もし一度でもいい加減なものを作ったり売ったりすれば、世間は「この男は信用できない」「この会社はいい加減な会社だ」と見切りをつける。一度信用を失ってしまえば、その後どんなに努力をしても、元のように信用してもらえることは二度とない。「たとえ自分が損をしたとしても、信用を落とすようなことはするな」というのが、彼の持論である。

―人も時代とともに変わりますが、他人から信頼してもらえるというのは、非常に大きいことですよね。

✚価値観が多様化する時代に求められる商品を開発

――「個の時代」と言われるようになって久しいですが、社員だけでなくエンドユーザーも随分変わってきていると思います。時代に合わせた商品開発は、やはり大変ですか?

共働き家庭の増加により、「手早く簡単に作れる料理」が求められている。その一方、「手間と時間をかけて料理すること」を生き甲斐《がい》にする人も多い。料理に対する意識の二極化が進んでいるのではないかと、田中氏は推察している。ふりかけは「メインディッシュ」にはならないが、アイデア次第でさまざまな料理に活用できる。田中食品では「簡単、おいしい、一工夫」をテーマに、レシピサイトやフェイスブックで、ふりかけを使ったアイデアレシピを紹介している。お弁当を作る時間の短縮と手間を省くために商品化した「ごはんにまぜて」シリーズなど、ふりかけから派生した商品展開も豊富だ。

市場では総菜の需要が高まっているが、現時点では同社で総菜を手掛けていない。それには、二つの理由がある。まず、企業としての観点だ。お総菜は家庭の「おかず」であり、「家庭の数だけ種類がある」と言われるほど品数が多い。各家庭にある「おかず」を再現するとなると、非常に困難だ。季節性や保存性を考えながら、複数種類のお総菜を製造販売するのは、現状では難しいという判断である。もう一つは、食生活に対する懸念だ。かつて「食事」と言えば、自宅で作るのが当たり前だった。しかし現在は「買って帰るもの」「食べて帰るもの」にシフトしつつある。「消費者のニーズに応えるためには、

◀▼旅行の友マヨトーストや、味付けにふりかけを使ったチャーハンなど、さまざまなアレンジ料理を提案

取り出すだけで食べられる最終製品まで製造販売すべきかもしれない」という気持ちはあるが、「ここまでやってしまって、本当にいいのだろうか」というジレンマのようなものがあるのだそうだ。「学校のＰＴＡ役員をやっていて感じたんですが、子どもたちが、お母さんが作った料理『は』おいしいねと言うんです。出来合いの総菜を買って来て食卓に並べることが食事の基本になってしまえば、いずれ『お金さえ出せばいい』という時代になってしまう。便利になるのはいいことですが、時代の変化に沿って便利さを追求し続けていると、何か大事なものを失ってしまうのではないかと思っています」。食と生活の価値観へ対応することは、非常に難しい。多様化するニーズをどう考えるかが、悩ましい部分なのだそうだ。

✚これからの経営ビジョン

―2018年で創業117年を迎えられますが、直近から中期にかけての経営ビジョンはいかがでしょう。

米食を大事に「ふりかけベース」の商品を展開していくことに変更は

◀ 2017 年 10 月より全国発売を開始した、野菜にふりかける粉末ドレッシング「サラダ用ふりかけ無限サラダ」

▶「ごはんにまぜて」ちりめんライスアンチョビ風味や、野菜オムライス味など、洋風の味も期間限定で販売

ないが、これからは「もう一度、みんなで知恵を出し合う時代」だと、田中氏は考えている。「これからどういう食品を作りたいか、どんな食品が食べたいか、会社の設備を使って何がやりたいか、社員の知恵を出し合わないといけないと思っています。われわれが考えて『こうしよう』と決めるより、みんなで集まって考えて知恵を出し合い、方向性を決めて具体化していく方が、時代に合うような気がします」。

田中氏は現在、66歳。一般企業であれば定年退職のころ合いで、「そろそろ第一線を引いて、ゆっくり…」と考え始める年ごろでもある。しかし彼は、まだ当分走り続けるという。「経営者は、死ぬまで勉強」という言葉をいただいた。

──今後、どんな新商品が登場するのか楽しみです。

田中食品の歴史

1901・呉市で味噌、漬物、瓶・缶詰の製造販売を開始
1916・呉海軍御用達、海軍需要部納入。ふりかけ「旅行の友」発売
1928・広島漬物製造株式会社として法人化し、広島市に移転
1951・田中食品株式会社へ社名変更
1963・大阪、名古屋、東京、福岡に営業所開設
1973・広島市西区に本社ビルを竣工
1975・日本で最初にミニパックシリーズを発売
1989・株式会社サンリオとライセンス契約しキャラクター物に着手
1995・佐伯工業団地に広島工場を新設
2010・ふりかけ「旅行の友」が「ザ・広島ブランド」に認定
2011・創業110周年、広島工場増設
2013・ベトナムSGM社との業務契約締結
2016・ふりかけ「旅行の友」生誕100周年
2017・ふりかけ「鰹みりん焼」生誕60周年

田中食品株式会社

本社所在地：広島市西区東観音町 3-22
設　　　立：1951 年（創業／ 1901 年）
資　本　金：1000 万円
従 業 員 数：約 100 名
売　上　高：60 億円（2017 年 1 月期）
代　表　者：代表取締役社長　田中茂樹
U　R　L：http://www.tanaka-foods.co.jp/

付加価値の高いクルーズと観光産業で、定期航路を維持

瀬戸内海汽船株式会社
相談役

仁田 一也

にった かずや

1930年生まれ、呉市出身。愛媛大学文理学部卒業後、1953年4月日本銀行入行。1962年2月瀬戸内海汽船株式会社取締役、1972年4月同社代表取締役社長、1986年4月同社代表取締役会長を経て、2015年3月より同社相談役。広島商工会議所副会頭、広島経済同友会代表幹事、広島県観光連盟会長、日本旅客船協会会長などの公務を歴任。趣味は絵画と陶芸。

瀬戸内海汽船株式会社

瀬戸内海西部を舞台に、中四国連絡を柱とした多くの島しょ部航路を運営。グループ会社も40社を超えたが、本四連絡架橋をはじめ島の架橋時代を迎えて、業界は大打撃を受けた。これに対応してクルーズ船や道後温泉の旅館「道後舘」を運営するなど、観光産業に転進。2015年6月には、会社設立から70年を迎えた。

（敬称

瀬戸内海の海運を支える定期航路の基礎を設立

広島港と呉港、そして愛媛県松山観光港を結ぶ、瀬戸内海汽船株式会社。広島ベイクルーズ銀河や瀬戸内クルージングなど、海と船を楽しめる「クルーズ観光」や観光事業も、積極的に展開しています。川島宏治が、瀬戸内海汽船株式会社の変遷やご自身の経営哲学などを伺います。

✚瀬戸内海汽船の歴史

—瀬戸内海汽船さんは、戦前から瀬戸内海の定期航路を運航していらっしゃいますね。

日本は、四方を海に囲まれた島国である。人も物も多くは船で移動しており、海は今でいう「国道」のような役割も果たしていた。一方、瀬戸内海には、大正から昭和にかけて

▼宇品海岸１丁目にあった、瀬戸内海汽船株式会社の旧本社とエントランス

島しょ部を結ぶ小型船舶を所有する小さな業者が乱立しており、安全面にも問題を抱えていた。

第二次世界大戦に突入すると、「瀬戸内海を岡山県笠岡と香川県多度津を結ぶ線で二分し、西部瀬戸内海の旅客船会社を集約せよ」という国の要請があった。これに従い、瀬戸内海汽船株式会社が発足。仁田竹一氏が社長に就任した。１９４５年６月11日のことである。３次にわたるこの集約過程では、尼崎汽船・東海汽船などの大手航路から小規模船主まで30を超える業者が参加した。

こうして難産の末に発足した瀬戸内海汽船であったが、会社設立後わずか２カ月で終戦を迎えることとなった。宇品にある本社社屋は原爆による焼失は免れたものの、在広の有能な人材を失った。また戦時中は旅客船の新造は認められず、しかも１００トン以上の船は軍に徴用され戦後は駐留軍の支配下に置かれた。会社は１００トン未満の小型老朽船80隻ほどを抱え、燃料不足の中を西瀬戸内全域の定期航路と多数の引揚者輸送に当たることになったのである。幸い呉市に在住していたため生存した仁田社長を中心に、若手の復員社員の努力が始まった。国は老朽客船対策として「特定船舶整備公団」を設立し、スクラップアンドビルド方式で対応。瀬戸内海汽船も急速に船舶を更新して、一通りの整備を終えた。

仁田一也氏が入社した１９６２年は、そういう時期だった。その後もローカル航路は拠点港ごとに集約整備を進め、瀬戸内海汽船は本州から四国の幹線航路を中心に強化。グループ会社43社を総括し、一方で架橋対策を模索することとなった。

—30社以上の会社を1社に統合というのは、想像を絶するご苦労があったかと思います。本当に大変な時代があったんですね。

✚次の時代のバトンを受け取る

—日銀を退職して広島に戻られたわけですが、「船会社に戻る」という意識はいつからあったんでしょうか?

仁田一也氏は、竹一氏の長男である。生まれは呉市だが実家が空襲に見舞われたため、母の里である愛媛県松山市に疎開。そこで終戦を迎えた。「小学校入学が1937年で、中学校3年のときが終戦ですから、いわゆる戦時中の子どもです。戦時中だから戦争のための教育を叩き込まれたんだろうと、言われることもあります。もちろんそういった面もありますが、小中学校では『自分で物事を考える』『自分で工夫して何かを作る』という性格が身に付いたように思います。どんな仕事に就いてもそれなりに一応こなせたのは、人に頼らない、この時代性のおかげかもしれません」。

愛媛大学を卒業後は日本銀行に就職。本店と神戸支店で10年近く勤務した後、会社側からの要請で瀬戸内海汽船取締役総務部長として入社する。「父母在《いま》して遠く遊ばず」。両親を置いて故郷を離れることを良しとしない時代だったこともあり、1962年に帰広。時代は、「戦後の物不足の時代」から高度成長を経て、「大量生産・大量販売の時代」に移行しつつあった。

定期航路の運航は、非常に公共性の強い事業である。何より重要なのは、乗客を安全に定刻通り港まで送

▼高速化の時代に備えて導入された、水中翼船「こだま」

り届けることだ。島の多い瀬戸内海において、島しょ部を結ぶ定期航路は、「住民の足」であった。「当時旅客船航路は国の認可制でした。採算のとれるギリギリのラインでやらざるを得ない定期航路だけでは、いずれ会社はやっていけなくなるという問題意識がありました」。

瀬戸内海汽船では戦後すぐ、１９４６年から観光事業を模索していた。駐留軍の将校や日本人も含めた、日本文化を訪ねるツアーで、宮島では特別に平家納経を見せてもらったという。その後も、宮島の包ヶ浦や対岸の絵の島に、海水浴場を開設して海水浴場行きの連絡船を運航するなどの事業を展開。一也氏には「これを時代に沿った方向に発展させるのが自分」という責任感があったという。

―会社に戻られたときが、まさに時代の転換期だったわけですね。

定期航路時代から、クルーズ・観光船時代へ

✚中国旅客船協会として本四架橋対策に奔走

—本四架橋によって多くの定期航路が廃止となりましたが、架橋対策にも尽力されましたよね。

本州と四国を橋で結ぶ計画が持ち上がったのは、戦後間もないころ。一時は費用の問題で立ち消えになったかに見えたが、1955年の紫雲丸沈没事故を契機に架橋の気運は本格化した。1972年8月、国は本州四国連絡橋の建設を公式に発表。旅客船業者に激震が走った。本四架橋が完成すれば、これまで橋の役割を果たしてきた瀬戸内海の海上輸送は確実に減少する。中国旅客船協会の影響調査では、協会加盟の178社208航路のうち、少なくとも20社32航路が廃業に追いやられることが判明した。中国旅客船協会会長

▼因島と生口島を結ぶ生口橋。この橋の開通により、尾道今治航路は廃止を余儀なくされた

だった一也氏は、日本旅客船協会と共催で「架橋による航路の損失補償要求貫徹中国地方総決起大会」を開催。国や県に、支援と補償を要請した。

「架橋完成の日まで定期航路は機能させなくてはなりませんが、架橋と同時に多くの会社は破綻し船員は職を失います。船員が『あの橋が架かったら、自分たちは失業するのか』と思いながら運航する船で、航路の安全が維持できると思いますか？架橋までの安全運航と業者の転業などの道筋を、国や地方自治体にも一緒に考えてほしかった」と一也氏。

10年近い運動の結果、国から補償金が出ることはなかったが、「旅客船業社が転業する際の資金の一部支援」「転業を希望する船員の再就職斡旋に、受益者となる関係自治体も協力して職業訓練機関を設ける」な

どの約束を取り付けた。

「橋は流通のルートまで変えてしまいます。最初に予想した通り、架橋によって瀬戸内海を運航していた旅客船はほぼ壊滅状態。瀬戸内海汽船でも最高のドル箱路線だった尾道—今治航路、福山—多度津航路をはじめ、グループ会社を含めた多くの島しょ部航路が廃止になりました。

架橋によって、果たして四国は発展したんでしょうか。橋は都市から地方へ、人・もの・金・情報を波及する効果があります。しかし逆に、地方から人や物を吸収する大きな力も働きます。交通が便利になればなるほど、過疎と過密の格差は広がるように感じます」

—架橋には、そんな側面もあったんですね。

✚付加価値の高いサイドビジネスを展開

—定期航路以外にも、クルーズ船の運航や観光業を展開していらっしゃいますね。

定期航路を運営する際に問題となるのは、燃料代と人件費だ。特に燃料代は社会情勢によって変動しやすく、わずかな変化でも負担が重くのしかかる。しかも、それをすぐに運賃に転嫁するわけにはいかない。「定期航路の運賃収入だけでは、会社がやっていけない時代が来る。これからは付加価値の高い、サイドビジネスが必要だ」と、一也氏は考えた。それに拍車をかけたのが、架橋問題だった。現在の定期航路が維持できなくなった場合、何で会社を支えればいいのか。活路として選んだのが、高付加価値事業の開発である。

◀1964年就航の「シーパレス」。展望室では海を見ながら飲食が楽しめた

事業は、海と陸に分かれて展開された。海の観光の柱となったのが、クルージング事業である。1964年、同社最初のフェリーボートを建造。一般公募により「シーパレス」と名付けられたこの船は、「世界初の海洋双胴船」と大変な話題となった。広島―松山を2時間40分で結ぶ、当時日本最大のプラスチック成型のラウンジを持つ船で、乗用車はサイドから乗降する構造。船内は完全冷暖房完備で、円形展望室には喫茶室が設けられており、海を見ながらコーヒーや軽食などの提供も行われた。

1979年5月、海を楽しむ本格的なクルーズ船として「南十字星」が就航した。「壁には無垢材、デッキにはチーク材、ソファは革張り。国の元首クラスのプライベート船をイメージした豪華な客船で、ゆったりとした時間と海の楽しみ方を提案しました」。広島湾を出発し音戸の瀬戸と宮島を周遊する約4時間のクルーズは企業の借り上げなどで利用されるほか、阪神方面からのチャーターや観光客を対象とした着地型商品としても注目された。

陸の事業の柱となったのが、飲食店やホテルの経営である。1980年7月、広島市中区紙屋町に「星ビル」をオープン。飲食店やパーラー、サロンが入った6階建ての複合型レジャービルである。この事業は、海の事業を補完する目的があった。クルージング中の船内では、「食べる」「遊ぶ」「宿泊する」などのサービスが必要不可欠となるが、旅客船業の同社はこの部分が弱い。陸上事業で

◀「南十字星」の旅客定員は150人。広島湾クルーズの料金は、食事込みで大人8000円だった

▼瀬戸内海を国際的な観光地にすることを目的に就航した、豪華周遊船「南十字星」

経験を積み、ノウハウを蓄積することが急務だった。架橋による観光客の増加を見越して、大三島と瀬戸田町に海鮮レストラン「大三島水軍」「瀬戸田水軍」も開業。1984年には旅館経営にも乗り出し、松山市の道後温泉で黒川紀章氏設計による「道後館」の営業を開始した。最も重視したのが「付加価値」だと、一也氏は語る。「マスコミに、『瀬戸内海汽船は夢を売る会社だ』と言われました。夢は大きな付加価値の源泉です。付加価値の高いものを提供し続けなければ、定期航路が維持できなくなります。それも、瀬戸内海汽船でなければできない、人に真似のできないものでなければなりません。それを開発販売できる社員を訓練する現場として、陸の事業にも注力しました」。

南十字星によるクルージングや星ビルの経営は、付加価値の高い商品の提供ではあったが、会社の柱とするには規模が小さかった。一方急速な経済発展に伴い、人々は物の充足より心の充足を求め始めていた。時代のニーズに対応し、本拠地広島市の国際的発展に対応、広島を瀬戸内海への玄関口とするための第二弾として誕生したのが、クルーザーの「銀河」である。デザインは、一也氏自らが手掛けた。舳先には白鳥座を表す杖《つえ》を手にした、女神像が飾られている。

「彫刻家に特注し、『水面ではなく、水平線を眺める姿』にしてもらいま

◀▲アンティークドールと珍しいオルゴールの展示で話題を呼んだ「星ビル」

▼「大三島水軍」「瀬戸田水軍」など、瀬戸内海の新鮮な魚介類を提供するレストランも運営

した」。1984年に、広島湾と宮島沖を結ぶ周遊船としてデビュー。旅客定員は500人で、多目的な利用が可能。船内で提供する食事は、全て自社のセントラルキッチンで調理し作りたてを提供するというシステムは、星ビルや飲食店経営で培ったノウハウを生かした形である。瀬戸内海汽船では以前から皇族方や海外からの貴賓をお迎えする機会が多かったが、銀河で最初の賓客は、就航2カ月目に迎えた竹下元知事ご案内による、カーター元米大統領ご一家のサンセットクルーズだった。

　この路線は、阪神を中心に瀬戸内海全域を巡る宿泊型クルーズ客船「インランドシー」(1900トン)へと引き継がれた。

—海を楽しむクルーズと、陸を楽しむレストラン。まさに、トータル観光業ですね。

◀「銀河」２階メインダイニング。華やかな内装が、非日常感をかき立てる
▼広島港～宮島沖を周遊する「銀河」からは、世界遺産「嚴島神社」を船上から眺めることができる

▼宿泊型クルーズ客船「インランドシー」

新しい時代に向けた、新しいやり方

守備範囲を広げ分野を限らず行動する

—社長職を退かれてからも、さまざまな公務を歴任されてますね。

一也氏は広島商工会議所副会頭、広島経済同友会代表幹事、広島県観光連盟会長など、さまざまな公務に就いており、多いときは100近くの肩書きがあったという。経営という世界に飛び込んだ以上、なんでも幅広く勉強しようという意欲が強かったそうだ。商工会議所は市域が対象、経済同友会は県内が対象、中国経済連合会は中国地方が対象と、それぞれ守備範囲が違う。観光・旅客船業界としては中国地方と全国、会社の責任者としては海外の客船事情、個人的には文化・体育・美術・音楽など、分野を限らず勉強させていただいたとのこと。守備範囲が広がると体は忙しくなるが、心の方は逆にゆとりができてくるものだ。仕事でも趣味でも、一番悪いのは理屈を付けて何もやらないことである。行動が伴わない理屈からは、何も生まれはしない。また失敗にこだわる人は、失敗を重ねるものだ。

経営者たるもの、何か問題があれば即座に対応しなければならない。「即座に対応するためには、全体を常に何となく把握しておく必要があります。私は子どものころに競技かるたを学び、物事の全体を漠然と把握する『仮焦点』という考え方と、不要な情報を全部忘れて頭をリセットする『忘却力』を身に付けました。これはビジネスの現場でも役に立ったと思います。何がどこで役に立つか、分からないものです」。

—何事も、まずは自分から学び、行動を起こすことが大事なんですね。

✚新しい時代の方針を決めるのは、新しい時代の責任者

—現在は相談役とのことですが、会社経営については発言されていないとか?

1986年に社長を退き会長に、2015年からは相談役に就任している。社長を退いた理由を伺ったところ、「世代が変わったから」という回答をいただいた。「世代が変わると、言葉の内容まで変わります。私がAだと思って発した言葉が、社員にAだと正確に伝わらなくなった」。

一也氏は、「明治は気骨の時代、大正はロマンの時代、昭和は叙情の時代」と語る。「明治生まれの両親に育てられ、大正生まれの先輩方に教えていただいたのが、私たちの世代。私は昭和初期の生まれで、昭和

の末に還暦を迎えましたから、昭和が自分の全てだと思っています。『昭和は殺伐とした時代』というイメージがありますが、心から心に想《おも》いが伝わる、いわば叙情の時代でもあったと思います。最近は言葉が記号になり、対話と文字は電送となって、心が伝わらなくなっている気がします。今は簡便な時代だが、いい時代だとは思えません」。

「新しい時代をどう進むかを決めるのは、新しい時代の責任者の仕事」という理念の下、社長を退いてから会社への発言は一切していないという。今後会社の舵をどう切るかは、現社長の一郎氏に掛かっている。

―確かに、昭和と平成で、言葉の重さが変わったような気もします。

▲▼架橋後も残った広島―呉―松山航路。石崎汽船と共同で、カーフェリーと高速船を運航している

瀬戸内海汽船の歴史

1945● 西瀬戸内海の航路事業者7社が統合し瀬戸内海汽船設立、仁田竹一氏が社長に就任

1964● 尾道／今治航路に水中翼船就航

1970● 旅客船「ぷりんす」でシージャック事件発生

1972● 仁田竹一氏が取締役会長に、一也氏が代表取締役社長に就任

1979● クルージングシップ「南十字星」就航

1980● 広島市中区紙屋町に「星ビル」をオープン

1982●「西部警察」の広島ロケに協力

1984● クルーザー「銀河」就航
道後温泉に「道後舘」オープン

1992● 生口橋の開通に伴い、尾道―今治航路を廃止

1996● 仁田一郎氏が代表取締役社長に就任

2015● 本社事務所を広島港内に移転

瀬戸内海汽船株式会社

本社所在地	広島市南区宇品海岸 1-13-13
設　　立	1945 年 6 月 11 日
資 本 金	1 億円
従業員数	57 名
売 上 高	17 億 9864 万円（2016 年 12 月期）
代 表 者	代表取締役社長　仁田一郎
U R L	http://setonaikaikisen.co.jp/

広島から世界へ
技術力とサービス力を発信

株式会社メンテックワールド
代表取締役社長

小松 節子

こまつ せつこ

1960年生まれ。証券会社、会計事務所勤務を経て、当時社長（現相談役）の小松健太郎氏と結婚。1997年メンテックワールド(旧メンテック）に入社し、監査役、取締役副社長などを歴任。2003年に、代表取締役に就任。2009年5月に乳癌《がん》の手術を受け、現在は毎年の検査を続けながら経営の指揮を執っている。広島県労働委員会使用者委員、広島アセアン協会副会長。

株式会社メンテックワールド

1961年、空調機器メーカー出身の小松健太郎氏が、マツダの生産設備メンテナンス業として独立。大手自動車メーカーの第1次協力会社として、生産ラインを支え続けている。メンテナンスの実績から得た経験を生かし、環境ビジネスにも参入。環境保全を含む総合メンテナンス企業へと、成長を続けている。

（敬称

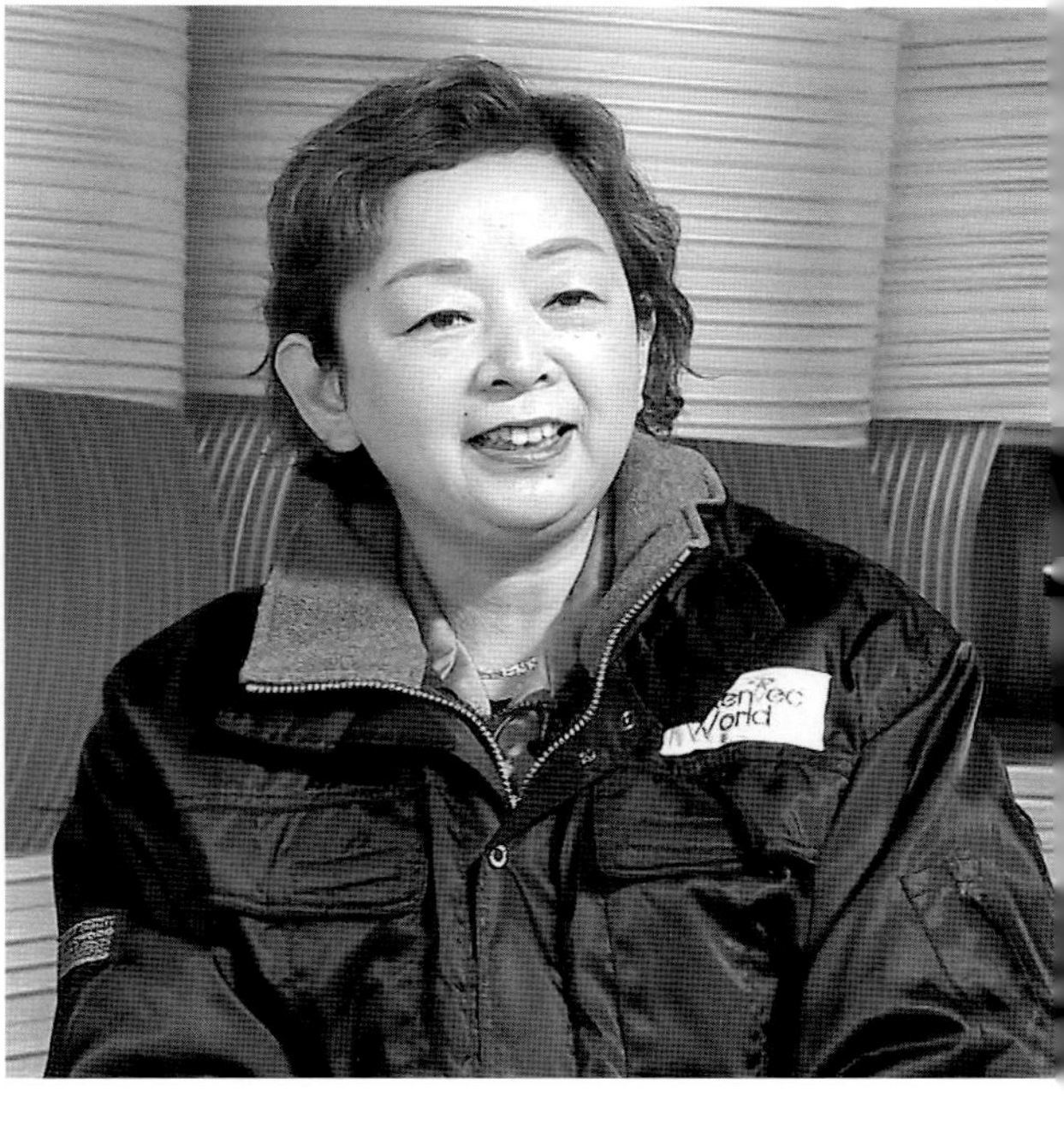

会社を支える裏方を経て、女性社長へ

自動車工場の生産ラインのメンテナンスを主力に、排気用ダクトの開発製造販売などを展開する株式会社メンテックワールド。現在は環境保全を含む総合メンテナンス企業へと、事業領域を拡大しています。川島宏治が、メンテックワールド社長・小松節子さんに、女性経営者としての強みや海外進出について伺います。

✚総合メンテナンス企業への成長

―1961年に、マツダの生産設備メンテナンス企業として誕生されたんですよね？

株式会社メンテックは、小松健太郎氏が一代で築き上げた会社だ。健太郎氏はもともと、空調機器メーカーに所属していた。しかしマツダの本社工場建設に合わせて、中国営業所に出向。これをきっかけにマツダ生産設備のメンテナンス業として独立し、「株式会社メンテック（現：メンテックワールド）」を起こしたのである。

　取引先の自動車工場に事務所を置き、毎日ラインを点検。超高圧の水やドライアイスを使って生産設備を洗浄している。最も得意とするのが、塗装設備にあらかじめ特殊薬品で塗布コーティングし、付着した塗料を熱湯のみで洗浄する技術だ。「顧客の繁栄のため、感謝と奉仕の精神を持ち常にｈｏｗ（どうしたら）とｍｏｒｅ（もっと）を考えて実践する」と理念に掲げ、事業領域を拡大。

１９８０年代には、ダクト製造事業にも着手した。ダクトとは、クーラーの室内機と室外機を繋《つな》ぐ空気の通路のようなもの。建物の構造部分に使用されることが多くあまり目につかないが、工事現場では非常に大きな役割を占める。「スパイラルダクト」は、ステンレスや鋼板を螺旋《らせん》状にし、空気や液体が漏れない「カシメ接合」で溶接したもので、直径は７・５～１６５センチ。ほとんどが受注生産で、空調や換気のほか円筒の型枠として、太陽光発電パネルや道路標識の土台などにも使われている。

　生産ラインメンテナンスの実績から得た経験を生かし、３本目の柱として環境ビジネスにも参入。環境汚染を解決する浮遊粉塵除去装置「ダストバスタ」や、粉塵飛散防止装置「ミストネット」の開発販売を手掛けている。

ー「ダストバスタ」や「ミストネット」は、全国で200台以上が稼働しているそうです。

▲ドライアイスを使って生産設備を洗浄する、「ドライアイスブラスト洗浄」

✚マツダの発展とともに成長

―マツダは防府工場をはじめ各地に工場を持っておられますが、何か注文があったらその場で対応するのでしょうか?

同社のメンテナンスシステムは、現場に常駐しての提案営業。工場内に営業所を設け、クライアントの需要を聞き取りながら作業を進める方式だ。「設備をこういうふうに改良したらどうだろう、こういう部分が不良箇所になりやすそうだなど、一緒に話し合いながら改善を重ねてきました。スパイラルダクトの製造も、現場に同行してお客さまのニーズに合ったものを、ステンレスや亜鉛鋼板、鉄板などを使って製造します。設計から製造まで一貫して、短期で納めるシステムを組んでいるのが、当社の強みです」。生産ライン

◀粉塵飛散防止装置「ミストネット」

▼ダクトの製造風景。お客さまのニーズに合ったものを、オーダーメイドで手掛けている

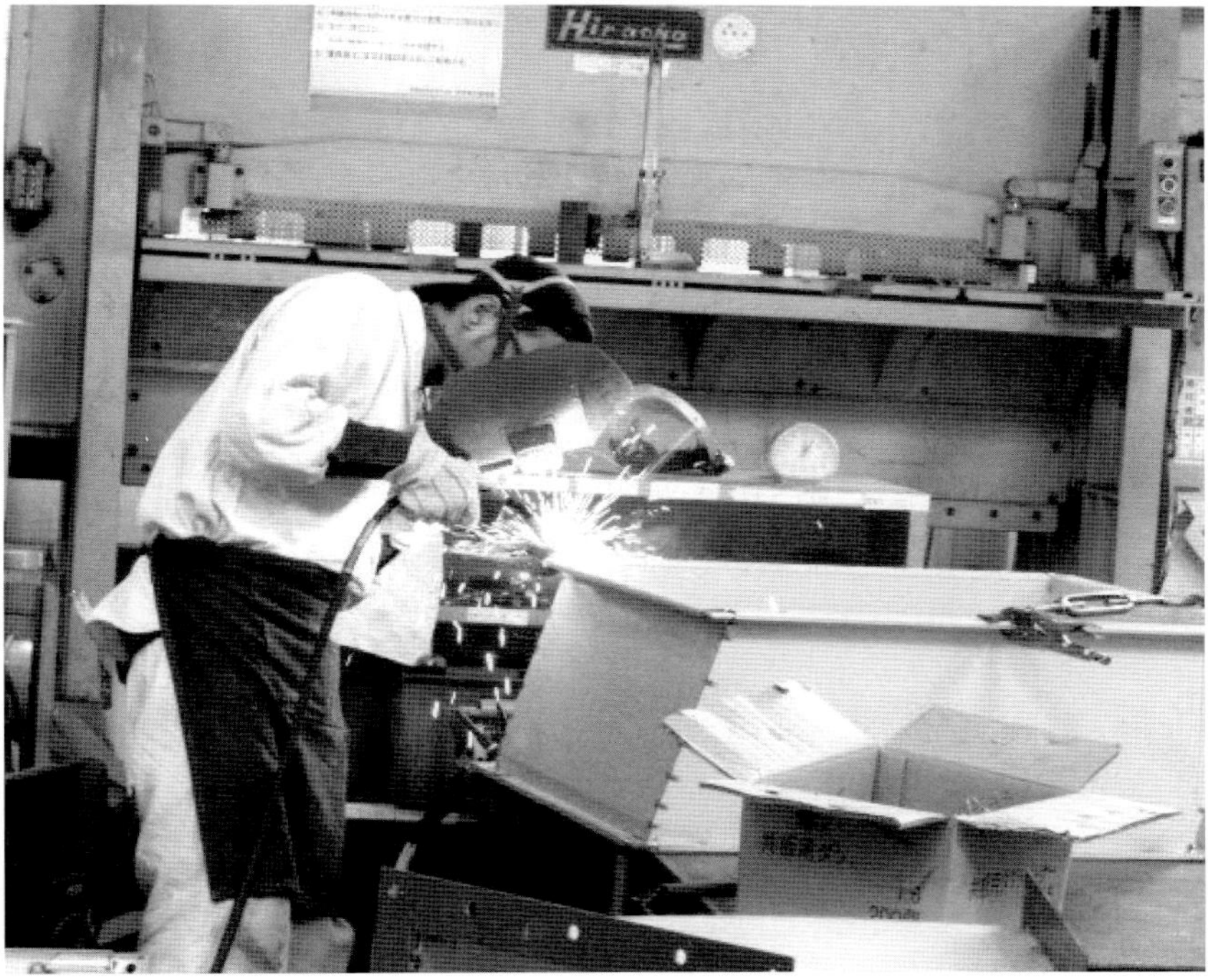

のメンテナンスはニッチな業務であり、顧客の製造ラインを支える最後の砦《とりで》でもある。営業終了後に「こんな不具合が出た。明日の朝の稼働に間に合うように、何とかしてくれないか」と依頼があれば、明け方に間

▲▶スパイラルダクトや立ハゼエルボなど、さまざまなダクトを製造

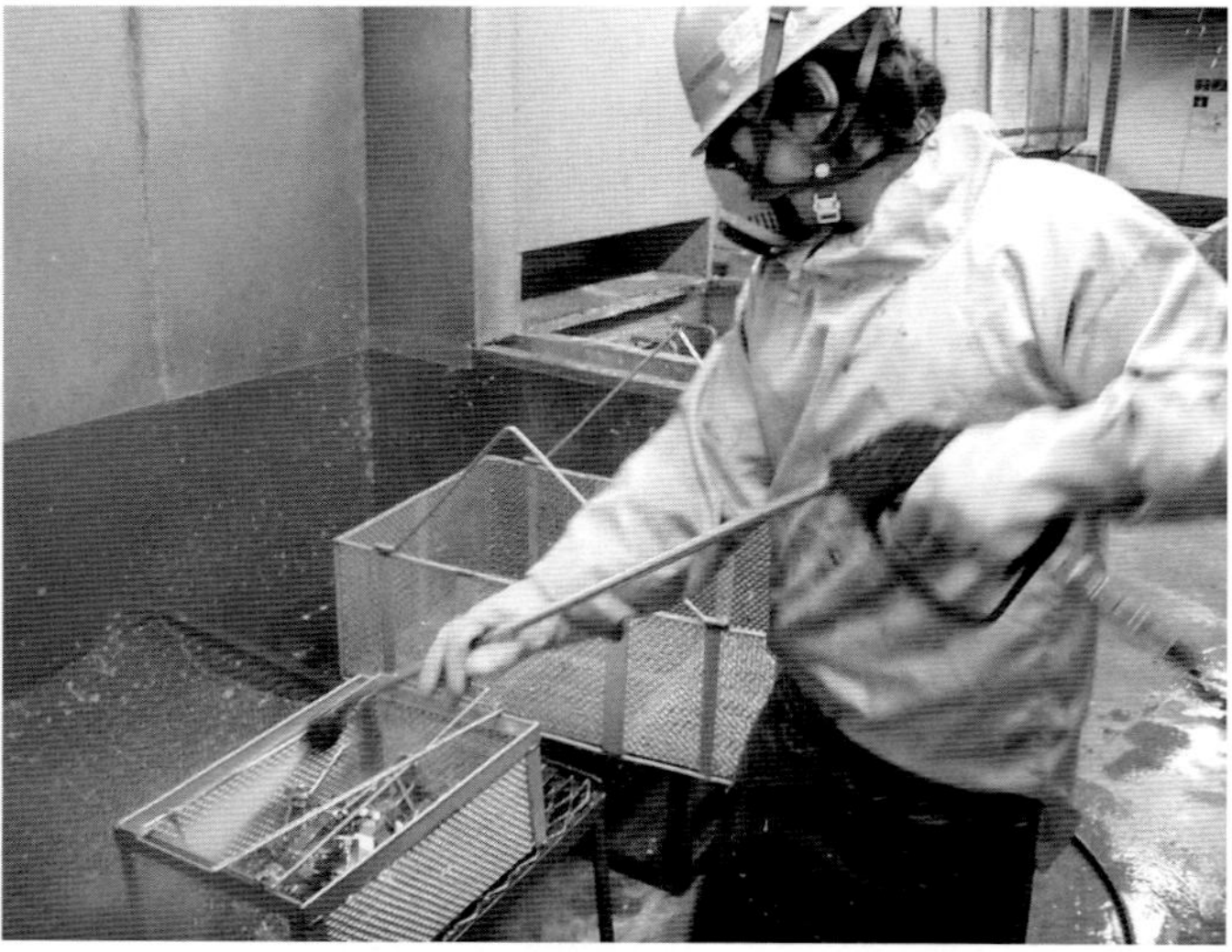

▲ラインだけでなく、冶具の洗浄なども得意としている

に合うよう労を惜しまず夜通し作業をすることも。顧客の繁栄のために、感謝と奉仕の精神を持って業務を遂行することが大事だという。2011年にはマツダのメキシコ進出に合わせて、工場メンテナンスの現地法人を設立。社員3人が常駐しており、現地ワーカーは100人を超える。

―海外でも活躍していらっしゃるんですね。

✚節子氏と株式会社メンテックの出合い

―ご結婚されるまでは、全く違う業種にお勤めでしたよね?

非常にアクティブな節子氏の行動を見ると、少女時代はさぞかしおてんばだったのではと想像してしまう。節子氏は4人兄弟の末っ子。男の子が3人続き「女の子が欲しい」と切望した両親に生まれた、待望の女の子だったという。「上が兄ばかりというのもあるのでしょうが、かなりおてんばでした。走るのが大好きで、いつも男の子と一緒に遊んでいましたね。母には、『男の子みたいな女の子が生まれた』と言われました」と節子氏は笑う。父を早くに亡くし女手一つで育ててくれた母のため、幼いころからアルバイトをして家計を支える一面もあった。

社会人になってからは、証券会社に勤務。株の売買や名義変更の手続きを担当していた。しかし株券を扱ううちに、「もしかしたら将来、自分も事業に携わることがあるかもしれない」という思いが芽生えた。財務の知識の強化が必要だと考えていたとき、会計士からの誘いもあって転職。会計事務所に勤めながら、財務を学んだ。講演会の講師を依頼したことで健太郎氏と知り合い、結婚。顧問税理士から勧められて週3回程度会社を手伝うなど、結婚当初から会社をバックから支えていたという。監査役、取締役、副社長を経験し、健太郎氏の跡を継ぐ形で2003年に代表取締役に就任した。「いろんな理由があって経営者になりましたが、正直、『女である自分にできるのだろうか』という不安はありました。自動車業界は男社会ですし、まだ女性社長自体が少なかった時代。会合や懇親会の場で『女には無理じゃないのか?』と言われたこともありましたよ」。あらゆる風評が流れたが、いかに自分が会社を良くして、発展させていくかだけを考えて、雑音には耳を貸さなかったという。それでも「女性の足を引っ張るのは男性。女性が社会進出するには、大きな壁があった時代でした」と、節子氏は当時を振り返る。

―現在は、世界に進出する女性も増えています。女性が社会で活躍しやすくなったのは、先人達のご苦労のおかげなんですね。

「健康経営」で従業員の健康を守る

✚乳癌《がん》の治療をしながら精力的に仕事をこなす

―社長になられてからは、業績は順調だったんでしょうか？

節子氏が社長に就任した2003年は、バブル崩壊による経済悪化が著しかった時期。売り上げは最悪の状況だった。しかし「本来楽天家」と言う節子氏は、「何があっても乗り越えていける」という自負があったという。その後発生したリーマンショックでも売り上げがかなり下がったが、社員をリストラせずワークシェアリングで切り抜けた。メンテックのメンは人、テックは技術だ。長年育成した大切な人財を、リストラで失うわけにはいかなかったのである。「一番大変だったのは、2009年ごろです。本社工場の移転、自宅の移転のタイミングで、自分の乳癌が見つかりました。リーマンショックの影響で売り上げが落ちていた時期でもありましたから、これは大変なことになったと思いました」。

実は乳癌が見つかったのは、全くの偶然だった。「通行中に転倒した男性の足につまずいて、私も転んでしまったんです。体を強く打ったので自己点検をしていたところ、乳房にしこりを見つけました。2～3日しても治らないので『もしかして乳癌では？』と思い病院で検査をすると、2センチの乳癌が見つかりました。手術をしたらリンパ節にも癌が6個転移していたんです。予後が悪いから一番厳しい抗癌剤治療をしようと言われました」。副作用の話は聞いていたが、それしか選択肢はない。かといって、仕事を中断するわけにはいかない。そこで抗癌剤治療

▼闘病中にも、犬に励まされたという

を始める前日に社員を集め、「実は乳癌《がん》の手術を受けて、これから抗癌剤治療をする。迷惑を掛けるかもしれないが協力してほしい」と訴えた。幸い再発はせず、現在も健康状態は良好だ。「不安は不安でしたが、逆境に強いところがあるので負けませんでした。基本的に前向きで、楽天家なんです。あまり悩むこともなくて、悩むとしても1日くらい。忙しく働いていると、あまり悩まないですよ」。

ちなみに節子氏のストレス解消は、犬の散歩。大型犬が大好きだという節子氏は現在、2頭のシェパードを飼っている。犬に癒やされる女性経営者というのは、少し珍しいかもしれない。幼少期から犬を飼っており、犬と一緒に遊んで、犬と一緒に大きくなったのだと節子氏。悩んでいるときは独り言を言いながら犬と一緒

▼現場の粉塵問題を泡を用いて抑制する「ダストバスタ」

◀メンテックワールドが誇る技術力

に散歩をすると、スッキリするのだという。

―ポジティブに生きようとする姿勢が、幸運を呼び込んでいるのかもしれません。

✚女性社長ならではの人財教育

―社長になられてさまざまな業務改革を行われたと思うのですが、最初に手を付けたのはどの部分でしょう？

節子氏は、業務改革に加え人財教育にも大幅な変更を加えた。人財教育をシステム化し、外部機関に委託。富士山の裾野にある管理者養成学校の講師を呼び、毎月1泊2日の幹部研修を行っている。対象となるのは、幹部社員15名。基本行動やビジネスマネジメントについて学ぶという。

「ワークシェアリングを導入したときから、ダイバーシティ経営構想はありました。お客さまのニーズに合った社員も必要ですが、景気が良くても不況でも、その時代に合わせた人財をそろえることが重要です。新卒に加え中途採用、60歳以上の嘱託社員も採用しました。これまで大手企業で技術力や人脈を培ってきた人に仲間になってもらうことで、社員一丸となって社員教育を行い、事業を進めています」。海外拠点を持ち、さらなる海外進出を準備するため、留学生の採用にも積極的だ。

メンテナンス事業は客先常駐なので、何かミスがあれば顧客に大きな迷惑を掛けてしまう。従業員の健康を守る「健康経営」が最終的に顧客への奉仕に繋《つな》がると考えた節子氏は、従業員の健康管理にも非常に気を配っている。例えば毎週月曜日を禁煙

▼社員教育の一環として行っているISO研修

デー、毎月第3週を禁煙ウィーク、毎年6月を禁煙月とし、「仕事中だけでも禁煙」を呼び掛ける。自身が乳癌《がん》を患い早期発見早期治療が大事だと身をもって感じたことから、2010年より女性社員および男性社員の配偶者を対象に、会社経費負担で毎年マンモグラフィの検査を実施。2016年からはエコー検査も加えた。従業員のメンタルヘルスにも、配慮がなされている。2015年にはうつ病などで現在の業務が困難となり職場環境を変えた方がいい社員のために、「なんでもやる課」を新設した。休職や退職ではなく、この課で無理せず軽作業などを続け、心身共に健康になれば元の部署に異動するシステム。従業員と一緒に、病気とどう立ち向かえるのかを考えた、独創的な方法である。

―従業員の方にとっても、非常に働きやすそうな環境ですね。

メンテックから
メンテックワールドへ

✚広島から世界へメンテックブランドを発信する

―自動車業界だけではなく、幅広いメーカーの仕事を請け負っていらっしゃるそうですか?

同社はこれまで業態の幅を自動車業界に絞っていたが、節子氏の代になって他業種にもサービスの幅を広げている。その結果、電気・食品・製鉄・半導体に至るまで、さまざまなメーカーにメンテナンスサービスを提供することとなった。

同社最大の特徴は、トータルサービスが可能なことである。品質やコスト、安全衛生や環境などの問題点を総合的にチェックし、顧客企業の理想を上回る生産システムを構築するのが、同社の得意分野だ。海外事業であれば設備機器の設置だけ求められるケースもあるが、国内ではやはりトータルサービスを展開できる企業が好まれる。競争入札でも、目に見えない「サービス」の部分が重要視されるようになりつつあるようだ。

2011年9月、同社は創業50年を迎えた。これを記念して、社名を「メンテック」から「メンテックワールド」に変更。ロゴマークも一新した。

「これからは、グローバル化が避けられない時代。『ワールド』という言葉には『メンテックのブランド力を上げる』『メンテックの技術力やサービス力を世界に広げる』『広島から世界へ躍進する』という思いを込めています」。世界への躍進を図るメンテックワールドが特に注目しているのがASEAN（東南アジア諸国連合）の10カ国（インドネシア・マレーシア・シンガポール・タイ・フィリピン・ブルネイ・ベトナム・ミャンマー・ラオス・カンボジア）だ。マツダのメキシコ進出に合わせて展開したメキシコの現地法人に加えて、フィリピンに合弁会社、マレーシアにおいても100%出資の現地法人を設立し、海外業務を積極的に展開している。

2015年末、一つの市場、一つの生産基地を目的として「ASEAN経済共同体」が設立された。ASEANは労働人口が若く、経済成長率は年6%を超える、成長著しい地域だ。人口も6億人を超えており、さらなる市場が期待できる。節子氏は広島アセアン協会の副会長として各国を視察するなど、精力的に活動している。物流やサービスなど発展途上の部分はあるが、広島とアセアンの繋《つな》がりは、ますます深くなるだろう。

▼ミャンマーへの視察ツアー

「技術力はもちろんですが、アセアン諸国で重要なのはビジネスだけでなく、人同士の関係をしっかり構築することです。広島アセアン協会が行っているのは、人間対人間を深めること。文化を知り、教育を知り、地域と環境を知っていくことは、事業にも有益ではないでしょうか。広島県のお役に立ちながら、事業を進めていきたいと思っています」。

同社では将来的に、株式上場を目指している。株式上場には景気に左右されにくい安定的な収益が必要不可欠だ。会社のさらなる成長のためにも積極的な事業展開と技術力の向上が、これからの目標であり課題である。

―ASEAN諸国などへのさらなる海外進出と、国内での事業拡大を期待しています。

株式会社メンテックワールドの歴史

1961 ● マツダ本社工場にて生産設備メンテナンス開始

1969 ● 安芸区船越に本社工場建設、スパイラル軽量鋼管生産開始

1980 ● 金属製品加工販売開始

1982 ● マツダ防府工場メンテナンス開始

1992 ● 日産自動車九州工場の生産設備メンテナンス開始

1996 ● 廃塗料回収方法およびその装置の特許権を登録

1997 ● 「ダストバスタ」「ドライアイス・ブラスト式剥離洗浄」の製造販売開始

2000 ● 粉塵抑制装置の特許権を登録
「ミストネット」の製造販売開始

2008 ● 本社を東広島市八本松に移転

2011 ● 社名をメンテックワールドに変更、ブランドマークも一新

株式会社メンテックワールド

本社所在地：東広島市八本松飯田 2-1-1
設　　　立：1965 年（創業／ 1961 年）
資　本　金：9674 万円
従 業 員 数：135 名
売　上　高：18 億円（2016 年 1 月期）
代　表　者：代表取締役社長　小松節子
U　R　L：http://www.mentecworld.co.jp/index.html

血液を利用させてもらった恩返しのつもりで

日本赤十字社中四国ブロック
血液センター
初代所長（現 相談役）

土肥 博雄

どひ　ひろお

1945年生まれ、東広島市出身。広島大学医学部卒業。1984年に広島赤十字・原爆病院の内科部長に就任し、2004年より同病院院長、2012年には日本赤十字社中四国ブロック血液センター所長に就任し、現在は相談役を務める。放射線被曝者医療国際協力推進協議会（HICARE）会長（現特命理事）など、数多くの役職を歴任。専門は血液内科。

日本赤十字社中四国ブロック血液センター

中四国地方9県における血液事業の中心施設として、2012年10月に本格的な運用を開始。提供された血液の安全性を調べる検査業務や、医療用の血液製剤を製造する製剤業務などを行っている。

（敬称略）

日本赤十字社 中四国ブロック血液センターの所長として

献血の推進、安全な血液製剤の検査・製造から医療機関への安定供給を担う、日本赤十字社の血液事業。中四国における血液事業の拠点が、日本赤十字社中四国ブロック血液センターです。初代所長であり、広島赤十字・原爆病院名誉院長でもある土肥博雄先生に、川島宏治が血液センターの現状や広島の被曝医療について伺います。

✚ 中四国ブロック血液センター設立と所長就任

―私たちが広島県内で献血した血液は、全てこのセンターに集まって来るんでしょうか?

血液センターは、安全な血液製剤を安定的に供給するために設立された、日本赤十字社の施設。設立当初は、採血・検査・製剤・供給の全てを各県の血液センターで実施していたが、一つの県だけでこの事業を展開することには限界があった。「献血から頂いた血液を検査したり、製造するには、特殊な機械や検査試薬が必要ですが、どれも非常に高価です。そのため一カ所にまとめないと効率が悪いんです」。2012年4月、日本赤十字社は血液製剤の「安全性の向上」と「安定的な供給」の確保および効率的な事業運営を行うため、各都道府県単位からブロックを単位とする広域事業運営体制に移行した。全国を、北海道・東北・関東甲信越・東海北陸・近畿・中四国・九州の7ブロックに分け、その地域の事業を統括するブロック血液センターを設置。各県の血液センターは献血推進と採血、医療施設への供給をこれまで通り担当し、ブロック血液センターは検査と製剤、需給管理および企画管理業務を担うことになった。

さらにブロック化に伴い、製造業に求められる品質管理、品質保証も充実された。中四国ブロックは2番目に県が多く、人口でも小規模な県が多いのが特徴だ。輸血用血液を使用するのは主に大規模病院で、広島市内では広大病院・県立病院・市民病院など。関東甲信越地方は大病院が多く各県ごとに採血しても効率よく利用できるが、中四国地方ではそうもいかない。ブロック化で最も恩恵を受けたのが中四国地方という認識だ。現在、中四国9県で採血された血液は全てこの血液センターに集められ、検査に合格したものだけが血液製剤として供給される。季節や時期により増減はあるが、血液は安定的に供給されている。中四国ブロック血液センターで製造された血液は、中四国だけに供給されるわけではない。中四国の血液を北海道や東北に送ることもあるし、足りない場合は九州や近畿から供給してもらうなど、供給ネットワークが構築されている。

土肥氏は2012年4月より中四国ブロック血液センターの所長に就任、現在は相談役を務めている。その前は広島赤十字・原爆病院の院長だったため、事務的には「配置換え」という形だ。「血液センターがブロック化するので、所長として適切な人を探してくださいと依頼されたのが発端です。『適切な人』と言われても、中四国を統括できる『適切な人』を探すのは難しい。加えて日本赤十字社広島県支部の中川局長の強い要請もあったためお受けすることにしたのです。これまで血液内科医として、輸血用血液をユーザーとして使ってきましたが、長年供給してもらった恩返しという、思いもありましたね」。

―先生は血液内科の大家ですし院長経験者ですから、皆さん「土肥先生なら」と思われたんでしょうね。

✚体験型見学スペース「赤十字プラザ」

―血液センターは、見学もできるんですか?

中四国ブロック血液センターの1階は、「見て・触れて・体験する」をコンセプトとした「赤十字プラザ」になっている。イラストを使った説明パネルや献血の疑似体験を通して、血液の行方や血液センターの仕事を学ぶことができる場所だ。少子高齢化に伴い、献血協力者は年々減少傾向にある。このスペースでは若年層、特にまだ献血年齢に達してい

▶▼肝炎やＨＩＶなどの感染症検査や、健康状態を把握する生化学検査を行う検査部門

▲◀白血球の除去、成分の分離、リンパ球増殖を防ぐために低線量の放射線照射などを行う製剤部門

▼中四国地方で献血された血液は全てこのセンターに集められ、調製が行われる

ない、将来の献血の担い手となる小学生を対象としている。将来献血に協力してもらうことを目的としているのだ。血液にまつわる3D映像を上映するガイダンスホールに加え、血液の検査エリアや製剤エリアも見学が可能。夏休みなどは親子で参加して見学・勉強する人々が、中四国の各所からグループ単位で訪れている。

―見学については事前予約が必要なので、センターに問い合わせてください。

▼献血や輸血、血液に関する知識や赤十字活動について、見て、触れて、体験できる「赤十字プラザ」

▲実際の作業工程をガラス越しに見学できる

広島赤十字・原爆病院の院長として、日赤病院を改革

✚被曝医療の拠点病院として

—戦後、日赤病院は被爆者医療の拠点となりました。放射線医療という意味では外せない、重要な役割だと思います。

広島赤十字病院は、戦後すぐから被爆者医療に特化した医療を行ってきた。1956年に敷地内に開院した「日本赤十字社広島原爆病院」は、被爆者医療の中核を担った。その後1988年に広島赤十字病院と経営を合併して「広島赤十字・原爆病院」と改称、現在に至る。設立の歴史的背景から現在でも被曝医療の最前線となっている。1986年にチェルノブイリ原発事故が発生した時には、当時のIAEA健康調査委員会の委員長が重松逸造氏（財団法人放射線影響研究所の理事長）だったこともあり、広島の医師も多数現地入り。土肥氏も現地に2週間滞在し、健康調査の一員として活動に従事した。1991年には、広島県と広島市が世界の被曝者医療への貢献と国際協力の推進などを目的に、HICARE（放射線被曝者医療国際協力推進協議会）を発足させた。広島赤十字・原爆病院も参加6施設の一つとして、協力している。土肥氏は発足2年目より幹事として、院長であった8年間は会長として活動した。血液センター所長就任後も、特命理事として貢献している。

放射線医療が、他の医療に比べて特殊だということはない。しかし、線量などから「今後何が起こるか」「何が問題になりそうか」などは、おおよそ当たりがつく。「東海村JCO臨界事故の際は、新聞社から『48ミリシーベルトの放射線を浴びた作業員が、意識不明になっている。こういうことはあるのか』という電話がかかってきました。私は、『放射線量か症状か、どちらかが間違っている』と回答しました。実際48ミリシーベルトとは、施設と一般居住地の境目の放射線量で、施設内部の放射線量はもっと高かったんです。その後の研究で、作業員は恐らく、60シーベルト以上の放射線を浴びたと考えられています。でなければ意識不明にはならない」。これまで蓄積して来たノウハウから回答が導き出せるのが、放射線医療の特徴かもしれない。東日本大震災を発端とする福島第一原子力発電所事故の際も、広島の医師が現地で活躍した。「HICAREからも派遣しましたが、日赤病院からも延べ100人以上の医師を派遣しました。広島大学病院からは1000人を超える人間が動きました。私が直接動いた

◀病院再整備事業による工事が終了し、新しくなった広島赤十字・原爆病院

わけではありませんが、広島県の貢献度は高いのではないでしょうか」。

―情報が交錯するなか、広島県の医師が活躍していたんですね。

✚長年赤字だった広島赤十字・原爆病院を黒字経営に

―職員の意識改革も含め、病院の改革をされたと伺っています。

大学病院の病棟医長時代の1983年には、広島県内で初となる骨髄移植を実施し、1984年に広島赤十字・原爆病院に内科部長として赴任した。その際「骨髄移植には無菌室が必要だから」と、二つの個室をつぶす形で無菌室を設置。さらに1989年に老朽化した病院を改築する際には、1フロアを完全無菌室化した。その当時、大規模な無菌室を持っているのは広島赤十字・原爆病院だけだった。環境を整えること、熱心な同僚医師がいたことで、患者が急速に増えたという。1992年の本館建て直し工事の際も無菌室を増やし、「血液内科・骨髄移植といえば、広島赤十字・原爆病院」と呼ばれるようになる。しかし患者数は増加していたにも関わらず、病院経営は赤字続き。土肥氏が院長に就任した２００４年も、赤字経営だった。

▼庄原市唯一の総合病院である、庄原赤十字病院

「本格的に経営を見直そうと思い、経営コンサルタントにお願いしました。すると、ＩＢＭの本社から専門家が来るというんです。その人に見せる資料を作るために、職員で経費の見直しをしました。すると、５～６年前に比べて経費が倍になっていることが判明しました。作業を進めるうちに、問題点が見えてきたのです。問題点を改善したら、ちゃんと黒字に転じました」。職員の意識変化にも随分助けられたと、土肥氏は語る。「検体を検査室に運ぶとき、誰が運ぶのかでよくもめていました。それを、検査室の担当者が『自分たちが取りに行く』と申し出てくれたんです。放射線技師も、技師長が頑張ってくれたおかげでフットワークが軽くなりました。人が変わっても、精神はずっと受け継がれます。全ての科が使う中央の部分が変わる

と、全体の意識が変わります」。

―経費節約や効率化だけでなく、職員の一体感も大事なんですね。

✚ 広島赤十字・原爆病院と庄原赤十字病院の院長を兼任

―庄原赤十字病院と広島赤十字・原爆病院の院長を1年間兼任されていますが、これはどういった経緯なんでしょう?

土肥氏の元に「庄原赤十字病院の院長が急きょ退職することになったので、代わりの院長を探してもらえないか」という依頼が来たのは、2004年の年末のことだった。こういった場合、副院長が繰り上げで院長になるケースが多いのだがタイミングが悪く、当時の副院長も年度末で定年退職することが決まっていたため、院長の当てがない。「他に人がいないから」と、土肥氏が兼任することになった。「朝10時に広島赤十字・原爆病院を出ると、庄原赤十字病院に到着するのは11時30分ごろ。報告を受けたり会議に出たりして、15時30分には庄原を出ます。院長としての滞在時間は、短いものでした。ただ、報告を受けて問題点を指摘し改善のための指示を出すと、翌週にはそれが改善されているんです。このスピード感は、広島赤十字・原爆病院にも取り入れるべきだと感じました」。庄原赤十字病院は300床で、医師は60人程度。100人以上の医師を抱える広島赤十字・原爆病院に比べると、規模は小さい。しかし、意思伝達が速い小規模病院での経験が、広島赤十字・原爆病院の経営に生かされたという。

―組織のトップとして、実りある1年だったんですね。

成功体験を積んだ人間は、上に立たない方がいい

✚ 挫折と回り道が人を育てる

―先生とお話していると肩書きが見えないのですが、自分の生き方や哲学によるものなんでしょうか?

土肥氏は、父・祖父・祖母の父が医者という家系に生まれている。医学界は身近であったが、本人曰《いわ》く「勉強はできなかったので、医者になれるとは思っていなかった」そうだ。

「いわゆる『中学受験』をしましたが、国立・私立含めて全滅しました。うちの孫は、私が不合格だった中学を受験する予定です。『おじいちゃんは、全部落ちたんでしょ』は良い意味でプレッシャーからの離脱なのかもしれません。正直、医者になろうともあまり思っていませんでした。高校で進路を決めるとなった時、親友が医学部志望だったんです。『お前、医学部を受けるのか?』と聞くと、『そうだ』というので、『じゃあ、自分も医学部にしよう』と」。そんな土肥氏の経歴は、少し回り道気味である。土肥氏の学生時代は大学闘争全盛期であり、広島大学でも活発な学生運動が起こっていた。1969年は霞キャンパスで医学部のバリケード封鎖があったが、彼はこの翌年の卒業生である。こういった事情もあり、内科の教室はかなり荒れていたそうだ。そんな環境を嫌い、選んだのは寄生虫学教室だった。周囲の「寄生虫なんてもういないのだから、やめた方がいい」という反対を押し切ってのことである。寄生虫学の大家である辻守康氏に師事し4年間学ぶも、「虫ばかりを見るのは性に合わない」と内科の教室へ異動。その後、フランスへ留学した。「内科の教室に移った後に、辻先生に『フランスに行かないか?』と言われたんです。『行きます』と返事はしたものの、フランス語の試験があるという。私は大学でフランス語を専攻していなかったので、目が点になりましたね。一生の中であれほど勉強したことはありません。フランスでは骨髄移植をやると決めていたので、まず日本語で文章を書いて、それを仏語訳してもらい、この中からだったら何を聞かれても答えられるくらいに勉強と準備をして試験に臨みました。顧みれば、このフランス留学が、大きな飛躍となりました」。

少々遠回りではあるが、この回り道や挫折が人生には必要なのだ。「何かがうまく行き始めると、人間どうしても天狗《てんぐ》になる時期があります。天狗の鼻を折るような、挫折体験がないと駄目。私は、挫折の商社のような男です。中学受験に失敗したのも挫折の一つですし、絶対の自信を持って挑んだ広島大学の教授選にも、あっさり落ちてしまいました。しかし挫折がないと、人生駄目だと思います」。

—挫折や回り道が、人生の糧ということですね。

✚「自分は何でもできる」と思ったときが辞め時

—院長や所長を歴任されていますが、経営哲学のようなものはありますか?

赤字続きだった広島赤十字・原爆病院は黒字になった。そのまま院長を続ければいいのではという思いもあったという。しかし土肥氏は院長を退任し、日本赤十字社中四国ブロック血液センターの所長に就任したことを「タイミングが良かった。ちょうど辞め時だった」と語った。成功体験を重ねたからというのが、その理由である。「赤字経営だった病院を黒字にしたというのは、成功体験です。実際に数字も上がっているわけですから、成果が分かりやすい。だから、『自分ならできる』と自信を持ちます。自信を持つのはいいのですが、『自分ならできる』という自信は、『自分にしかできない』という過信に繋《つな》がります。『自分がいなくなったら、どうなるんだろうか』と憂うようになったら、経営者として退く時だと考えたのです」。

また成功体験をした人間がトップであり続けることは、人材育成面でも良いことではないそうだ。経験の浅い部下は、トップの成功体験に頼る傾向がある。頼るだけならいいが、いずれ頼り切りになり、自分で考えることをやめてしまう。「あの人の言うことに従っていれば、安泰だ」と思われるようになれば、組織の成長を停滞させてしまう。だから「ある程度の成功体験」の後に院長を退き、新たな場所で心機一転スタートすることにしたのだそうだ。

―「成功体験に固執せず、成功体験者に頼らず」というのは、非常に深いですね。

✚体はそこにないけれど心はいつも仕事中

―公務のないプライベートな時間は、何をしていらっしゃいますか？

２０１６年には定年退職で所長を後任に譲り、現在は相談役を務めている。趣味やプライベートタイムについて尋ねると、そういったことに使う時間はほぼないそうだ。「常に何かを背負って生きている感じはします。状態の悪い患者さんを担当している時は、呼び出しの電話がある直前に目が覚めていました。体はそこにいないけれど、心はいつも気になっていたんでしょう。寝言で、仕事の指示を出していることもあったようです。しかしそれでストレスがたまったり、嫌だと感じたことはありません。他にやりたいことも特にないですし、呼ばれた場所、求められた場所で一生懸命働こうと思っています。実は相談役になってからの方が、忙しいんですよ」。

プライベートでは、ごくまれに誘われてゴルフや釣りを楽しむ程度。血液事業経営会議委員や広島大学医学部医学科広仁会会長、広島赤十字・原爆病院名誉院長など、現在30近い役職を請け負っており、さまざまな分野で活躍中だ。

―「求められた場所で、一生懸命働く」というスタンスが、先生らしいですね。

日本赤十字社中四国ブロック血液センターの歴史

2012 ● 4月1日より、血液事業の運営体制が、都道府県単位からブロック単位へ移行

2012 ● 5月11日新施設完成、10月9日より本格稼働開始

2013 ● 日本赤十字社中四国ブロック血液センター献血推進委員会発足

2013 ● 中四国地方で初となる、災害時・緊急時対応用ヘリコプターによる血液および供給支援要員輸送訓練を実施

2014 ● 広島・献血ルーム「ピース」オープン

2014 ● 広島・献血ルーム「もみじ」がリニューアルオープン

2014 ● 若年者献血啓発のための運動体「KEEP on LOOP」を発足

2015 ● 「LOVE in Actionご当地大作戦in広島」開催

2016 ● 椿和央氏が所長に、土肥博雄氏が相談役に就任

日本赤十字社中四国ブロック血液センター

本社所在地：広島市中区千田町 2-5-5
設　　立：2012 年 4 月
職 員 数：148 名（2017 年 11 月現在）
代 表 者：所長 椿和央、相談役 土肥博雄
U　R　L：http://www.csk.bbc.jrc.or.jp/

社員を育てるための「窓」を開ける

株式会社大野石油店
代表取締役社長

大野 徹

おおの とおる

1954年生まれ、広島市中区出身。東京大学経済学部卒。1977年に広島銀行入行。現会長・大野輝夫氏の娘、久美さんと結婚し、1983年に大野石油店入店。シェル石油（現：昭和シェル石油）出向後、常務、専務などを経て2001年3月から現職。

株式会社大野石油店

1931年山陽石油合資会社として設立され、1947年株式会社大野石油店に改組。ガソリンなどの石油製品や、自動車関連商品の販売を中心に事業を展開しており、広島県下29店のガソリンスタンドを運営。光触媒を利用した製品の開発と販売も手掛ける。

（敬称略

大変なことは全て、新しいチャレンジ

広島市中区西白島町に本社を構える、大野石油店。従業員が給油や車両点検などを行うフルサービスの店を軸に、顧客の信頼を得られる店づくりに取り組んでいます。川島宏治が、株式会社大野石油店代表取締役社長大野徹さんに、経営哲学や人材育成について伺います。

✚大野石油店という名前

―「大野石油」ではなく、「大野石油店」ということなのですが、この「店」という字にはどんな思いがあるんでしょうか。

株式会社大野石油店という社名は、ぱっと見ると、少しレトロなイメージがある。カタカナ名や英語名の企業が数多くある中、「昔ながら」

◀営業部、オートガス部、酸化チタン部などを中心に構成されている営業本部（中区西白島町）

の印象は拭えない。実は創立50周年に当たって、社名を変更してはどうかと提案したことがあったそうだ。時はバブル全盛期で、人材がなかなか集まらない。「リクルート情報誌を見た新卒の学生が、興味を持ってくれるようなカッコイイ名前」に変えてみてはどうかと、プロジェクトにかけた。

しかしこれが、若手社員からの反対にあった。この「店」の一文字があるから、自分の会社がどんなことをしているか、お客さまに分かりやすく説明できるというのだ。「社員にとってもお客さまにとっても分かりやすい、この社名は最高です。『店』という字は、絶対にあったほうがいいです」と力説され、意外ではあったが非常にうれしかったそうだ。現在も「店」という字に込められた心をなくさないように、社名を継承していこうと考えている。

―若手社員から声が上がるというのは意外な感じがしますが、それだけ理念が浸透しているということですから、素晴らしいですね。

✚経営者トップとして やっていくための準備

―入店以来「帝王学を学ぶ」というか、経営者になるためにどんなことをされたんでしょうか。

大野石油店に入店したときから近い将来、経営者トップとしてやっていく準備を続けてきたという大野氏。最も重視したのが「自分が看板になること」だった。「地域のお客

▼燃料油や潤滑油の配送基地である、大野石油店商品センター（廿日市市桜尾）

◀地域NO1サービスを目指す、サービスステーション

さまが『どこで給油しようか？』『どこで洗車しようか？』と考えたとき、さまざまな店舗の中から『大野石油店に決めた』と言ってもらうのが、私たちの仕事です。そのためには、この会社がどんな会社なのかを地域の人に知ってもらうことが、非常に重要になってきます。大野石油店の大将はこんな人間ですよ、こんなことを考えながら仕事をしていますよ、ということをアピールしなければなりません」。その準備のためにさまざまな経営者と触れ合うチャンスをつくり、商工会議所青年部にも加入した。この人脈の積み重ねが「経営者になるまでの準備」だったと大野氏は語る。

そして2001年3月、21世紀に入ったのを契機に、社長に就任した。

―「多くの方に知ってもらうのが大事」ということで、そのための準備をされたんですね。

▼カーライフをトータルでお手伝いする国土交通省指定工場の車検センター（西区商工センター）

社員を育てるために、新しい窓を開ける

一人ひとりの社員と自分自身の考えを合わせる

―社長になられてから、特に気を付けているのはどんなことですか?

社長になったからといって、これまでとやり方を変えたというわけではないが、特に注力したのが「社員一人ひとりを見る」ということだ。もちろん、一人ひとりと個人面談をする時間はないし、社長と一対一で会話をする場を設けると構えてしまうため、「さまざまな場所で同じ方向を見ながら、さりげなく会話をする」という方法を取っている。「最初の会話は、入社面接です。『縁』のスタートですから、最終面接は絶対私が担当します」と大野氏。入社式や社員研修でも折に触れて、自分の思いを語る局面をつくっている。「社長にとって必要なのは、誰かの

◀社内コンテストの優勝者には海外研修旅行をプレゼント。5年勤続でグアム旅行などの勤続表彰制度もある

主観によって集計されたデータではなく、『どの社員が、どういう人物なのか』という生のデータです。当社の給油所スタッフは、一人ひとり日誌にコメントを書くことになっているんですが、私はその『生のコメント』に目を通します。店長の『この社員は、こういう人物です』という査定はいらない。その社員の素の人物像、生の声が欲しいんです。その『加工前の生データ』を取りに行くのが社長の仕事です」。社員にとって社長は、遠い存在だ。社長室で待っていても、社員がやって来ることはまずないだろう。だからこそ社長自ら社員に近づき、自分の足でデータを集めるというスタンスを取っているそうだ。

　大野石油店では、社長と役員が給油所スタッフに日頃の感謝を伝える日を設けている。その際スタッフに「いつもありがとう」「日誌に○○を頑張っていると書いてあったけど、調子はどう?」と声を掛ける。名前を呼び「あなたのことを見ているよ」と伝えているのだそうだ。また年2回支給している賞与の明細書には、社長からのメッセージを添える。「長い文章ではありませんが、『こんなことを期待しているよ』『こんなことに取り組んでくれていて、ありがとう』『あなたに対して、こんなふうに思っているよ』ということを書いています。資料を見ながら書くのではなく、自分で集めた生データから書くんです。出身校、入社してからの経緯、家族構成や現在努力していることなど、一人ひとりの情報は全部頭に入っています」。

—社長直々にメッセージをもらえると、社員の皆さんは感動されると思います。

▼▶社員研修の様子。毎年9月にはSSスタッフのサービス向上を図るため、「社内ドライブウェイフェスティバル（コンテスト）」を開催している

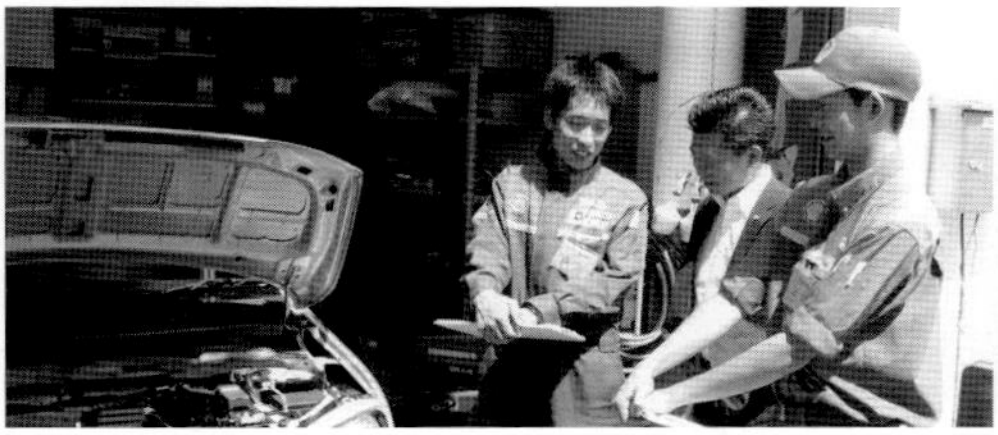

✚切り口が一つでは、人が育たない

―環境事業やレンタル事業など新規事業の育成にも積極的に取り組んでおられますが、事業展開の経緯はどんな感じだったんでしょうか？

大野石油店では、太陽光などに反応して汚れやにおいの成分を分解する、光触媒を利用したコーティング用品を販売している。マツダスタジアムや海上自衛隊呉史料館（てつのくじら館）などの施工実績があり、独自の製品開発も実施している。また、カルチュア・コンビニエンス・クラブ株式会社が運営するTSUTAYAや、ブックオフコーポレーションともフランチャイズ契約を結んでおり、DVD・CD・ビデオのレンタルショップ、書籍などのリユース事業も展開している。この新規事業の展開の鍵となっているのが、人材育成だ。「仕事をするのは、人であり社員です。他社ではマネのできない、大野石油店にしかできない仕事に誇りを持って取り組んでいる社員のおかげで、わが社が存在しています。わが社の成長には社員の成長が欠かせませんが、切り口が一つでは人は育ちません。新規事業は、新しい切り口であり、社員の活躍の場となる窓です。狭い部屋の中で一方向だけを向いて仕事をしていても、新しい発想は生まれませんし、息が詰まってしまいます。新規事業という『窓』をたくさん開けることで、新しいジャンルで活躍できる社員が育つと感じています」。

燃料販売だけに特化していると、どうしても待ちの姿勢になってしまう。レンタル・リサイクル事業は、「多様化する時代の流れの中で、お客さ

▶ミラクルチタン光触媒コートは、マツダスタジアムにも施工されている

▼光触媒で環境事業に取り組む、酸化チタン部。独自の技術力で、新規需要開拓に挑戦する

▼給油所経営で培ってきた接客ノウハウを加え、TSUTAYAを展開

まが来店したくなるような店づくり」を目指してスタートした。光触媒事業には、「時代に先駆けるものを」という思いが込められているという。社員が誇りを持って生き生きと働ける環境をつくるため、新規事業という窓をたくさん開けたいというのが、大野氏のスタンスだ。最初は、授業料を払って勉強するつもりで取り組んでいるとのことで、「収益が上がりそうだから」と参入したことはない。「もうかりそうだから参入するというのは、満員電車に乗り込むのと同じ。大手企業が介入すれば、小さな企業は競争に負けてすぐにはじき出されてしまいます。がらがらの電車に乗って、お客さまに乗り込んでもらう方が、事業が継続しやすいと考えています」。

―人材育成のために新規事業に参入するというのは、興味深いです。

女子バレーボール部 大野石油広島オイラーズ

✚企業がスポーツに取り組む

―大野石油広島オイラーズは今年で結成25年を迎えますが、創部のきっかけは何だったんでしょうか。

　大野石油店の本社ビルにある、専用体育館。ここで日々厳しい練習に励んでいるのが、女子バレーボール部「大野石油広島オイラーズ」。オイラーズというチーム名は、母体業務である「石油（オイル）」を由来としたものだ。現在は女子社員14名が選手として在籍し、V・プレミアリーグの2部にあたるV・チャレンジリーグIで、昇格を目指す。社員たちは昼間、他の社員と同様に仕事をして、夕方になると本社に集まり、夜遅くまで練習を行っている。

　オイラーズの創部は1992年。1994年の広島アジア大会を控

▶部員たちは夕方まで市内給油所で働き、本社社屋内の専用練習場で夜遅くまで練習に励んでいる

え、企業でもスポーツに取り組もうという気運が高まっていたころ、バレーボール協会から「女子バレー部を創らないか」という話を持ち掛けられた。当時男子バレー部はあったが6人制女子バレー部は広島県内には存在しておらず、「ご縁があったのだから」と創部を決めた。当時はバブル経済の末期。夏は暑く冬は寒いうえ、危険物を扱う燃料業界は、学生から不人気だった。スポーツを続けながら仕事ができるのは、企業の大きな魅力になるとも考えたという。地元強豪校から女子バレー部の顧問を迎え、1993年にチームを結成し、リーグに参戦した。当時、リーグ参加企業は、一部上場の大企業ばかり。小さな会社が大きな会社と肩を並べて戦えることが、誇らしかったと大野氏は語る。しかし苦労も多かった。会社敷地内に専用練習場を構えられる大企業と違い、オイラーズは専用練習場を持っていない。市内周辺の給油所で働いている部員たちは、仕事が終わると本社に集まり、タクシーなどに便乗して練習場に向かう。総合体育館や、近隣の学校の体育館を転々とする間借り生活。時には練習のために、廿日市

市まで出向くこともあったという。

「仕事終わりで疲れているだろうに、移動して練習。練習で疲れているのに、長距離移動して戻って来ないといけない。体力的にも負担が大きいし、頑張っている部員たちがかわいそうで仕方がなくて、この子たちのために練習場を造ってやりたいと思いました」。ちょうどその頃、50周年事業として本社の建て直し計画が持ち上がった。バレーボールの練習場なら、特殊な設備は必要ない。本社の真上に練習場を造ってしまおうと、建て直し工事に併せて専用練習場が新設された。このため大野石油店の本社ビルは、バレーボールコートの広さになっている。

―創部のきっかけも、専用練習場の新設も、縁とタイミングで広がった感じですね。

✚小さな会社のチームでもここまでできる

―リーグ戦や遠征には社長自ら応援に行かれると聞きましたが、全てついて行かれるんですか？

大野氏は、オイラーズの大ファンでもある。全試合応援に行くだけでなく、活躍する部員たちの写真撮影も社長自ら行うのだ。「頑張ってい

▼リーグ戦は社員有志を募って応援に駆け付ける

る部員たちを見たいんです。娘たちの学芸会に、親がカメラを持って追いかけて行く感じです」。リーグ戦が終わると撮影した写真を選んでアルバムを作り、一人ひとりにプレゼントしている。「彼女たちがいずれ結婚して子どもができたとき、アルバムを見ながら『ママは昔バレーボールの選手だったんだよ。こんなふうに試合に出て、頑張ってたんだよ』と話してくれたら、うれしいですね」。

最近5シーズンの最高位は3位。プレミアリーグとの入れ替え戦に進める2位以内まで、あと1歩に迫っている。「小さな会社の小さなチームが、ここまでやれたのは、支えてくださる地元の方々のおかげ。ここまでやれるんだという姿を、見てほしいと思います」。

—上を目指して、頑張ってください。

任せたら任せきる、そして責任は取る

✚自分自身が考えていることを、100％相手に伝える

―大病から復活されて10年以上。「素晴らしい経営者になるには、大病をすること」という言葉もありますが、振り返っていかがですか？

大野氏は２００５年11月に倒れ、半年間入院とリハビリの闘病生活を送った。会社のこと、社員のこと、お客さまのことが気になって仕方なかったというが、外部情報が完全にシャットアウトされ電話１本かけられない。「これは任せるしかない、任せきるしかない」と腹が座ったのだそうだ。しかし任せきるには、自分自身の考えを、任せる相手に完全に伝えきる必要がある。このため復職してからは経営幹部に、くどいほど「なぜ、こうするのか」という理由を伝えるようにした。きちんとした理由があってＡという行動をとるのに、その理由が伝わらず「いつもＡだから、Ａでいいだろう」と判断されてしまっては、もし自分がいなくなったとき社員全員にどう伝わるのかが分からない。「やれといいうだけでは、『やればいいんだろう』という考えにしかなりませんが、なぜこうするのかを伝えておくと、その先をそれぞれが考えてくれます。『なぜ』の部分が、大事です」。

―自分の考えを理解してもらうことが、任せきることの第一歩のようです。

✚ライフラインとしての給油所と、今後の展望

―近年、給油所が減少傾向にありますが、今後の展望も含めてどう対応していらっしゃいますか？

近年ガソリンスタンドは減少傾向にあり、広島県内の中山間地域でも、「一番近くのガソリンスタンドまで10キロ以上離れている」というエリアが出てきている。普段はあまり意識していないが、石油製品はライフラインの一つだ。日本国内には、電気ガス水道というライフラインが整備されている。しかしこのラインが寸断された時には、貯蔵できて持ち運び可能なエネルギーが求められる。これが、石油製品だ。停電中でも、ガソリンで自家発電機を動かせば電気が供給できる。暖房がなくても、車のエンジンをかければ車内で暖が取れる。そのために必要なのが燃料・石油製品なのだ。われわれは東日本大震災や熊本の震災で、ライフラインを支えるガソリンや灯油、軽油の重要性を痛いほど自覚した。大野石油店では、「地域のお客さまのため

▼大野石油店では店頭サービスにこだわり、ほとんどの店舗でフルサービスを実施している

に、地域のお店を守る」という精神を軸足にしつつ、燃料転換に備えて水素ステーションや急速充電器の整備も行っている。

　大野氏は現在63歳。今後の展望は、若い次なる経営者と話をしている最中だという。「次の経営者は、息子です。現在専務として頑張ってくれていますが、私は何もしていません。意見を求められれば答えますが指示はせず、『私はこう思うが、お前はどう思う?』と尋ねるだけにしています。一度任せたんですから、任せきらないと。将来息子の片腕となり、息子を支えてくれる人材を育てるのが私の仕事だと思っています」。

—次の社長への期待も高まりますね。

大野石油店の歴史

1931・山陽石油合資会社を創立
1947・株式会社大野石油店に改組
1983・車検センターオープン
1993・6人制女子バレーボールチーム「大野石油広島オイラーズ」創部
1997・創立50周年
1998・新本社屋竣工
1999・TSUTAYA事業部、酸化チタン事業部発足
2001・大野徹代表取締役社長就任
中国地方初の天然ガススタンド営業開始
2003・初のセルフ式給油所、可部バイパス給油所オープン
2010・新エネルギー部発足
2015・オークションによる中古車販売開始、営業推進部発足
2017・創立70周年

株式会社大野石油店

本社所在地：広島市中区西白島町 22-15
創　　　立：1947 年
資　本　金：3000 万円
従 業 員 数：230 名
売　上　高：124 億円（2016 年 12 月期）
代　表　者：代表取締役社長　大野徹
U　R　L：http://www.ohno-group.co.jp/index.html

「川島宏治の THE ひろしま・プラス 1」とは
～番組のご紹介～

「川島宏治のＴＨＥひろしま・プラス 1」は、ケーブルテレビちゅピCOMのフラッグシップ番組として、2014 年 10 月に放送を開始しました。モノづくり県として知られ、音楽に代表される文化、そして平和都市として知られる広島県。番組では、「ひろしまの宝」であり、今日そして明日の広島をリードするトップランナーたちが何を考え、どう行動してきたかを、テレビ画面を通じて視聴者に伝えることを最大のコンセプトにしています。

番組は 30 分。出演いただくゲストは週替わりで、企業戦略、最新のトピックス、将来展望など硬派な話題はもちろん、サブカルチャー、趣味やコレクションなども。視聴者の多様なライフスタイルや考え方にも対応できるように人選しているつもりです。さまざまな分野から出演いただいたゲストは、2017 年 12 月末で 162 人を数え、社会派アンカーマンとしてテレビ界で活躍してきた川島宏治が“本音トーク”でゲストの新たな一面を引き出します。

番組は、土曜日から 1 週間毎日放送します。放送初日には中国新聞 SELECT に記事として紹介され、メディアミックスのコンテンツとしても展開しています。

これまでに番組にご出演くださったゲストの方々 ※肩書きは放送当時のものです

回	放送日	所属・肩書き	ゲスト
01	2014年10月11日～	㈱序破急　代表取締役社長	蔵本　順子
02	2014年10月18日～	㈱広島ドラゴンフライズ　代表取締役社長	伊藤　信明
03	2014年10月25日～	川中醤油㈱　代表取締役社長	川中　敬三
04	2014年11月1日～	㈱アスカネット　代表取締役社長	福田　幸雄
05	2014年11月8日～	㈱三村松　代表取締役社長	三村　邦雄
06	2014年11月15日～	(一社）広島県情報産業協会　会長	福井　五郎
07	2014年11月22日～	㈱マエダハウジング　代表取締役	前田政登己
08	2014年11月29日～	㈱にしき堂　代表取締役社長	大谷　博国
09	2014年12月6日～	㈱むさし　代表取締役社長	浮田　収
10	2014年12月13日～	堀口海産㈱　代表取締役	堀口　照幸
11	2014年12月20日～	漆芸家	金城一国斎
12	2015年1月1日～	広島交響楽団　常任指揮者	秋山　和慶
13	2015年1月10日～	学校法人鶴学園　理事長・総長	鶴　衛
14	2015年1月17日～	㈱広島ゴルフショップ　取締役会長	山田　一夫
15	2015年1月24日～	㈱フタバ図書　代表取締役社長	世良與志雄
16	2015年1月31日～	フラワーデザイナー	新納真理子
17	2015年2月7日～	㈱広島銀行　代表取締役頭取	池田　晃治
18	2015年2月14日～	県立広島病院　院長	桑原　正雄
19	2015年2月21日～	オタフクソース㈱　代表取締役社長	佐々木茂喜
20	2015年2月28日～	ワインバー「エノフィル」 オーナー	尾崎　良輔
21	2015年3月7日～	山下江法律事務所　所長	山下　江
22	2015年3月14日～	㈱ヒロツク　代表取締役社長	竹本　新
23	2015年3月21日～	㈱ビーシー・イングス(田中学習会)　代表取締役会長	田中　弘樹
24	2015年3月28日～	㈱錦水館　代表取締役社長	武内　恒則
25	2015年4月4日～	ヤマトフーズ㈱　代表取締役社長	井上　和博
26	2015年4月11日～	㈱ますやみそ　代表取締役社長	舛本　知己
27	2015年4月18日～	㈱重富酒店　代表取締役	重富　寛
28	2015年4月25日～	㈱小城六右衛門商店　会長	小城　林勲
29	2015年5月2日～	広島信用金庫　理事長	武田　龍雄
30	2015年5月9日～	デリカウイング㈱　代表取締役会長兼社長	細川　匡
31	2015年5月16日～	㈲IC4DESIGN　代表	カミガキヒロフミ
32	2015年5月23日～	㈱サコダ車輌　代表取締役	迫田　宏治
33	2015年5月30日～	㈱もみじ銀行　代表取締役頭取	野坂　文雄
34	2015年6月6日～	ひろしまジン大学　学長	平尾　順平
35	2015年6月13日～	㈱やまだ屋　代表取締役	中村靖富満
36	2015年6月20日～	広島大学　学長	越智　光夫
37	2015年6月27日～	広島東洋カープ　前トレーナー部長	福永　富雄
38	2015年7月4日～	三井不動産リアルティ中国㈱　代表取締役社長	林　暢也
39	2015年7月11日～	㈱花満　代表取締役社長	和田　由里
40	2015年7月18日～	NPO法人「音楽は平和を運ぶ」　理事長	松尾　康二
41	2015年7月25日～	ハーティウォンツ　代表取締役社長	木嶋　敬介
42	2015年8月1日～	㈱クラージュプラス　代表取締役	上木　浩二

43	2015年8月8日～	㈱リーガロイヤルホテル広島　総支配人	山根　朋之
44	2015年8月15日～	㈱アマル　代表取締役	櫻木　直美
45	2015年8月22日～	日本けん玉協会　西広島支部長	砂原　宏幸
46	2015年8月29日～	赤松製薬㈲　赤松薬局社長	赤松　正康
47	2015年9月5日～	三島食品㈱　代表取締役社長	三島　　豊
48	2015年9月11日～	㈱ソアラサービス　代表取締役社長	牛来　千鶴
49	2015年9月19日～	広島筆産業㈱　代表取締役社長	城本　健司
50	2015年9月26日～	アイレストホーム㈱　代表取締役会長	旦　康次郎
51	2015年10月3日～	賀茂鶴酒造㈱　代表取締役社長	藤原　昭典
52	2015年10月10日～	㈱小西養鯉場　代表取締役	小西　丈治
53	2015年10月17日～	㈱バルコム　代表取締役	山坂　哲郎
54	2015年10月24日～	映画美術監督	部谷　京子
55	2015年10月31日～	山陽空調工業㈱　代表取締役社長	淺田　博昭
56	2015年11月7日～	住田㈱　代表取締役	小西　光信
57	2015年11月14日～	㈱イズミ　代表取締役社長	山西　泰明
58	2015年11月21日～	上田宗箇流　家元	上田　宗冏
59	2015年11月28日～	シネマッド舎	中野　良彦
60	2015年12月5日～	田中食品㈱　代表取締役社長	田中　茂樹
61	2015年12月12日～	瀬戸内海汽船㈱　相談役	仁田　一也
62	2015年12月19日～	野球評論家	岡　　義朗
63	2016年1月1日～	広島商工会議所　会頭	深山　英樹
64	2016年1月9日～	指揮者	大植　英次
65	2016年1月16日～	広島経済同友会　筆頭代表幹事	森信　秀樹
66	2016年1月23日～	真言宗御室派大本山大聖院　座主	吉田　正裕
67	2016年1月30日～	学校法人上野学園　理事長	上野　淳次
68	2016年2月5日～	㈱メンテックワールド　代表取締役社長	小松　節子
69	2016年2月13日～	㈱サンフレッチェ広島　代表取締役社長	織田　秀和
70	2016年2月20日～	広島管財㈱　代表取締役社長	川妻　利絵
71	2016年2月27日～	日本赤十字社中四国ブロック血液センター　初代所長	土肥　博雄
72	2016年3月5日～	広島電鉄㈱　代表取締役社長	椋田　昌夫
73	2016年3月12日～	㈱MEDIAS　代表取締役社長	室﨑　　寿
74	2016年3月19日～	中国醸造㈱　代表取締役社長	白井浩一郎
75	2016年3月26日～	漫画家	新久　千映
76	2016年4月2日～	広島茅葺屋根工事店　代表取締役	沖元　太一
77	2016年4月9日～	㈱テックコーポレーション　代表取締役社長	中本　義範
78	2016年4月16日～	高野山真言宗極楽寺　住職	菅梅　行恭
79	2016年4月23日～	アートディレクター	オリシゲシュウジ
80	2016年4月30日～	おおたけ㈱　代表取締役	笹野　正明
81	2016年5月7日～	広島県立美術館　館長	千足　伸行
82	2016年5月14日～	㈱大野石油店　代表取締役社長	大野　　徹
83	2016年5月21日～	サンフーズ㈱　代表取締役	布崎　正憲
84	2016年5月28日～	復建調査設計㈱　代表取締役社長	小田　秀樹

2014年10月～2016年5月にご出演された方をご紹介しております。
敬称については略させていただきました。

川島宏治のTHE ひろしま・プラス1 vol.1

●
2018年2月26日　第1版第1刷発行
監　　修／株式会社中国新聞社、株式会社メディア中国
発 行 人／通谷　章
編 集 人／大森　富士子
発 行 所／株式会社ガリバープロダクツ
広島市中区紙屋町 1-1-17
TEL 082（240）0768（代）
FAX 082（248）7565（代）
印刷製本／株式会社ユニバーサルポスト
●

ISBN978-4-86107-073-0　C0395　¥1500E